书山有路勤为径，优质资源伴你行
注册世纪波学院会员，享精品图书增值服务

AGILE
INSTRUCTIONAL
DESIGN

AID敏捷课程设计与开发

人人都可又快又好地做出精品课程

崔连斌　胡丽 / 著

电子工业出版社
Publishing House of Electronics Industry
北京·BEIJING

图书在版编目（CIP）数据

AID敏捷课程设计与开发：人人都可又快又好地做出精品课程 / 崔连斌，胡丽著. —北京：电子工业出版社，2024.1

ISBN 978-7-121-46793-6

Ⅰ.①A… Ⅱ.①崔… ②胡… Ⅲ.①企业管理—职工培训—教学设计 Ⅳ.①F272.92

中国国家版本馆CIP数据核字（2023）第228994号

责任编辑：杨洪军
印　　刷：北京天宇星印刷厂
装　　订：北京天宇星印刷厂
出版发行：电子工业出版社
　　　　　北京市海淀区万寿路173信箱　　邮编100036
开　　本：720×1000　1/16　　印张：16.25　　字数：260千字
版　　次：2024年1月第1版
印　　次：2025年8月第5次印刷
定　　价：75.00元

凡所购买电子工业出版社图书有缺损问题，请向购买书店调换。若书店售缺，请与本社发行部联系，联系及邮购电话：（010）88254888，88258888。

质量投诉请发邮件至zlts@phei.com.cn，盗版侵权举报请发邮件至dbqq@phei.com.cn。

本书咨询联系方式：（010）88254199，sjb@phei.com.cn。

重新定义课程设计与开发模式

从国际和国内的发展趋势来看，中国培训行业正在由少年期（Juvenile）走向青年期（Adolescence），局部环节甚至已经开始走向成年期（Adulthood）。处在这个阶段的培训行业从业人员必然会产生各种成长的烦恼，如迷茫、困惑、苦闷、质疑等。当处于这样一个比较混沌、紊乱的阶段时，我们需要对培训行业的方方面面进行重新定义，以便正本清源，明确发展方向。

重新定义就是对某些已经存在的概念、理论、方法和技术等进行新的解读和界定，意味着新的观点、视角以及对经典的颠覆和创新。重新定义既包括对原有概念、理论或方法的调整和改变，也包括企业和个人应对重新定义的转型、变革和突破。当今世界有很多重新定义，例如，乔布斯重新定义了手机，王健林重新定义了"小目标"，雷军重新定义了国货，马云重新定义了成功，Alphabet重新定义了公司，Facebook（现更名为Meta）重新定义了元宇宙，等等。

时代催生重新定义热

培训行业的这几年，重新定义是一个热词。几年前，就有培训机构提出需要重新定义培训。例如，平安知鸟移动学习平台的诞生、传播与推广，以及人工智能陪练系统的推出，都重新定义了移动学习的新方式，对其他移动学习平台的发展方向产生了一定的影响。另外，场景化和体系化微课的出现也重新定义了什么是有效的移动学习。在人才发展协会

（Association for Talent Development，ATD）全球年会上，领导力也被重新定义，提出了勇气领导力和基于脑神经科学的领导力新模式。这些年，重新定义面授课程的翻转课堂开始在更大范围内流行，还有重新定义电子课程的微课、重新定义普通培训的游戏化学习、重新定义成人学习原理的脑神经科学也都陆陆续续出现。

重新定义热主要来源于三个方面：

首先，时代发展的必然结果。每个时代进步的标志都是对以往方法和技术的重大改良，而这些改良来自对当前工作中所发生的新情况、新问题的思考，以及产生的针对经典理论和方法的新视角。

其次，移动互联网时代的现实挑战。例如，自2013年以来兴起的移动学习热潮，引发了人们重新定义课堂培训的价值。对很多习惯于按部就班、循规蹈矩的培训行业从业人员来说，移动互联网时代是一个完全不同的时代。在这个时代，挑战和机遇并存，所以培训行业也不例外。在这个时代，速度决定一切，混乱才可能是正常的，低成本、高效益、快速度才是王道。因此，原有的套路可能已行不通，只能对各种方法和技术进行重新定义、改良和创新。

最后，中国培训行业经过长时间的积累，从业人员的专业水平不断攀升，已经具备提出新观点和新方法的能力。

以上三个方面是对培训行业进行重新定义的主要原因和核心动力。这股重新定义的热潮已经蔓延到了培训行业的诸多方面，课程设计与开发就是其中一个。

重新定义课程设计与开发

本书希望对传统的课程设计与开发方法进行重新定义，提出了一种新的方法——AID（Agile Instructional Design，敏捷课程设计与开发）。重新定义意味着颠覆，颠覆可能是课程设计与开发方法的颠覆、工作模式的颠覆，也可能是思维的颠覆。一方面，如今的微课和移动学习以及未来的增强现实与人工智能培训，正在极大地改造着整个培训行业的图景。另一方面，行业外的搅局者也在以破坏式创新的方式对整个培训行业产生巨大的冲击。例如，最近出现的混沌研习社、喜马拉雅、罗辑思维等，这些组织或个人的商业模式、产品与服务令人耳目一新，使得整个培训行业焕发了新的活力。培训行业从业人员应对颠覆的最好方法就是，关注和研究这些行业的发展趋势，主动参与或创造潜在的颠覆，顺应时代潮流，不断变革自我。

重新定义也会带来不适和抗拒。不是所有人都喜欢改变，因为改变所引起的重新定义会引发一些培训行业从业人员的不适。移动学习热潮的快速到来，已经让20世纪六七十年代出生的培训行业从业人员极为不适应，但对八九十年代出生的移动互联网原住民来说，他们如鱼得水、习以为常——他们才代表着未来。因此，行业里的各种重新定义需要我们以宽阔的胸怀去包容和适应，而不是敌视与抗拒。

重新定义将影响培训的工作范围。培训对企业所产生的核心价值一直在被重新定义，这也改变着我们对于组织、人才、管理的理解。从最初的培训到后来的人力资源开发，再到绩效改进与人才发展，这些培训核心价值的调整和优化也在不断调整着我们的工作内容、范围和着力点。其实，每次重新定义都是向贴近客户需求的方向迈进，这对我们的工作范围和能力要求产生了新的要求。然而，当我们走出舒适圈，适应了这个扩大了的范围时，我们就进入了一片更加广阔的天地。

重新定义也意味着巨大的机遇。每一次重新定义都在培训行业里进行一次洗牌，只有那些主动适应重新定义的组织和个人才能生存下来。观察培训行业里的顶尖组织和个人，我们常常发现他们总是善于把握每次重新定义所带来的机遇。重新定义创造了一个符合丛林法则（优胜劣汰）的机制，确保培训行业里最强壮的组织和个人获得足够多的机遇。中国的培训行业是最国际化的行业之一，大量的实践经验催生了很多本土化的改良，正是这些重新定义及其引发的不适和挑战，有力推动了中国培训行业的进步。

本书适合在各类组织中工作的大多数人：

- 如果你是某个领域的从业者，并且有一定的从业经验，那么本书非常适合你。你可以从书中学习到很多开发培训内容的方法，通过这些方法你可以把自己在工作中的经验所得发扬光大，组织也会感谢你为组织发展所做出的贡献。

- 如果你恰好就在培训/教育行业工作，例如，你是一名讲师或教育工作者，大学或职业院校的老师，或者成人教育或教育管理者，那么本书也非常适合你。你可以从书中学习到如何更快更好地完成课程的开发，并且让课堂的效果更好。

- 如果你恰好在企业中从事培训组织及管理的相关工作，本书也非常适合你，书中提供了很多案例、工具和技巧供你参考。你将在企业内组织课程设计与开发培训的时候，收效更大，而且还能够快速分辨出一门课程是好还是不好，以及优化的方向是什么。

- 如果你是企业的HR或管理者，或者是正在某所高校学习人力资源相关专业的学生，那么本书也非常适合你。书中有大量的案例展示和实战经验的分享。

- 也许以上人物画像都不适合你，那么我也推荐你阅读一下本书，因为本书并不枯燥，读起来像一本小说，但是又不缺乏理论知识的高度，很多切实可行的方法都来自日常的工作实践，它们不仅适用于培训本身，也适用于生活乃至工作的方方面面。

最后，感谢你阅读本书。如果不是朋友推荐或生活所迫，本书也许并不会引起你的注意。但不论你是因为好奇阅读本书，还是为了消遣看到本书，还是迫不得已阅读本书，我们都对你表示衷心的感谢。因为，从开始筹划写本书的时候，我们就提出了唯一的目标，那就是让本书成为一本值得所有热爱培训的人的珍藏图书。

　　本书的创作前前后后花了大约5年的时间。在此，我们要衷心感谢所有对本书提供支持和帮助的人和组织。之所以花这么久的时间，是因为在出版本书的过程中，我们在不断地纠结和挣扎。造成纠结和挣扎的原因有很多，其中最重要的原因是，如何把一个非常专业的课程设计与开发方法以一种通俗易懂的方式传递给大家，尤其是"90后"或"00后"的读者。课程设计与开发方法从本质上来说是一门非常专业的技术，需要大量的时间和精力才能很好地掌握。但目前企业内大部分做课程设计与开发的人并不是培训专家，他们可能是经验丰富的销售人员、资深的产品研发工程师，也可能是企业管理者。他们往往因为要在内部分享经验，传授知识或担任导师的职责，所以不得不偶尔开发一些课程。另外，他们所开发的课程的授课时长并不长，通常是2～3小时。针对这种情况，企业有必要用更加容易、更加快捷的课程设计与开发方法，并且以耳目一新的传递方式使业务专家在轻松愉悦的过程中掌握课程设计与开发方法。所以我们就想到了以小说体的方式，以轻快的文风让大家在享受阅读的过程中，掌握敏捷课程设计与开发方法。如果大家在读完本书后有这样的感受，我们就心满意足了，就认为这些付出值得了。

　　我们要感谢很多帮助完成本书出版的朋友和同事。参与本书编写的人包括吴迪、凌姗姗、刘俊峰、王彬杰、林俊宇等。吴迪对本书的出版做出了很大贡献，给了我们很多灵感。他协助我们用通俗易懂的方式将一个晦涩难懂的专业方法展现给读者。刘俊峰、凌姗姗、王彬杰和林俊宇分别参与不同章节的撰写，在撰写过程中他们将曾经参与过的项目经验和体会融合到方法论的描述中，这既丰富了本书的体验感和阅读性，也提高了本书的落地性。刘俊峰还专门为本书用到的插图进行了手绘，使得本书更加生动活泼。

在本书的出版过程中，我们还得到了很多客户和本书方法论用户的支持。他们尽管没有直接参与本书的编写，但他们在我们实践敏捷课程设计与开发的教学活动和咨询项目中所提供的各种建议为本书的框架和内容设计提供了大量的思路。

在本书的出版过程中，我们还得到了电子工业出版社晋晶老师的大力协助和支持。她与我们共同策划了安迪曼系列丛书，本书是系列丛书中的一本。她也对本书的结构、关键内容和目标读者的定位提供了指导意见。没有她的鞭策、鼓励和支持，本书的出版又会延后多年。

以上并不能完全表达我们对所有人的谢意，很多感谢是难以用文笔来表达的。在此，我们对所有为本书的出版做出直接或间接贡献的个人和组织表示由衷的谢意。

最后，希望各位读者能够跟我们联系并反馈阅读本书的感受和心得，以便我们能够对本书的内容进行修改。请期待本书再版时，我们能够做得更好。

目录

开篇

提起课程设计与开发①工作，也许你会认为它和你没有任何关系。如果你这样认为，你就大错特错了。不论是创业者、管理者，还是有一定经验的员工，你都会发现这本书对你有帮助，因为人人都可能成为某个领域的讲师，而讲师就需要开发课程。

越来越多的企业和个人意识到，课程是沉淀组织经验和智慧的重要载体，也是分享最佳操作的有效途径、进行人才培养的关键方法。企业最大的浪费之一就是经验的浪费，而开发内部课程，可以有效避免这些无谓的浪费，这也是开发内部课程的核心价值之一。

另外，是否有内部高质量的课程已经成为衡量企业管理成熟度的核心指标之一。在企业发展的早期，多数企业对培训的重视程度并不高，企业内的培训也很少，大多数企业一开始主要做内部分享，没有培训的意识，也无所谓有没有课程设计与开发，一些无法满足的培训需求就通过采购外部课程来完成。但是随着企业的成熟和竞争的加剧，越来越多的企业开始在企业内部建立讲师队伍，有的企业甚至开始设立专职的培训管理者岗位、成立单独的培训部门或独立的企业大学来系统化地开展培训工作。在专业培训岗位或部门的组织下，成熟企业会有体系、有方法地组织内部有经验的员工开发大量的培训课程。最极致的情况是，各个行业的优秀标杆企业甚至会对外提供自己研发的培训课程，输出行业标准，建立企业的领导品牌。因此，越是在行业中领先的企业，企业的培训工作做得也越好，内部课程的数量、质量和成熟度也越高。

---

① 课程设计与开发，有时简称课程开发。如无特别说明，本书后文提到的"课程开发"等同于"课程设计与开发"。

培训自主化已经成为当今企业培训的主流，越来越多的企业在培训体系化、培训全员化、培训全程化的道路上越走越远，越走越快。这一切变化的背后，都要有强大的内部师资队伍和定制化的培训课程作为支撑，因此企业讲师队伍的课程设计与开发能力的提高显得愈加重要。但是求人不如求己，只有企业内部的优秀员工才能开发出大量符合企业要求的内部精品课程，而不是通过外部采购来实现。

课程设计与开发能力因此也成为企业内所有优秀员工必须掌握的专业技能之一。培训管理者和优秀员工（也称"业务专家"）都需要掌握课程设计与开发技巧。培训管理者虽然能够更熟练地掌握课程设计与开发技巧，但因为对业务了解不深，开发课程的效率往往不高。业务专家对业务比较精通，但在实际操作过程中会面临以下问题：作为课程开发的主体，因为是兼职工作，有着工作时间紧、任务重的现实困难，没有大量时间做课程设计与开发；往往不懂课程设计与开发的技术和方法；做课程设计与开发更多是凭个人经验和理解，常走弯路、错路；缺乏科学有效的课程设计与开发流程和评价标准；等等。这些都对传统的课程设计与开发方法提出了新的挑战，因为传统的课程设计与开发方法基本上都是基于开发课程的人是专职讲师或培训管理者的情况设计出来的。

本书所提出的敏捷课程设计与开发方法能够帮助所有企业和个人从容地应对这些挑战和困难。该方法能够有效降低课程设计与开发的难度，并让从来没有做过培训的人事半功倍地开发出高质量的培训课程。企业的业务发展或变化的速度很快，要求课程设计与开发也能快速跟上业务的节奏。企业通过运用敏捷课程设计与开发方法，可以在内部产生化学反应，快速获得足够多的高质量内部课程并进行不断的迭代升级，为企业的长久发展提供保障。

　　为了便于读者掌握敏捷课程设计与开发方法并能够愉快地读完本书且有所收获，产生共鸣，本书以一位培训管理者小安的成长史为故事线，通过他与多位领导、业务专家、讲师和其他同事的互动交流，以及他们的成长过程，让读者身临其境地感受如何能够更有效地开展企业内的课程设计与开发工作。我们也希望大家能在这些故事里找到自己的影子，以便更好地提高个人能力。

01

言之无文，行而不远：为什么开发内部课程对企业如此重要由于人才对企业的价值日益凸显，越来越多的企业开始认可培训对企业的价值。培训做得出色的企业不一定成功，但是成功的企业在培训上做得都很出色，这已经成了行业共识。随着企业的成长，企业内的培训需求也在不断增加。如果这些需求的满足主要依赖于外部讲师或外部课程，这并不是一个明智的选择，因为这些外部讲师或外部课程不仅不能很好地结合企业的实际情况，而且成本也是较高的。

孔子语："言之无文，行而不远。"（春秋·鲁·左丘明《左传·襄公二十五年》）越来越多的企业开始开发内部课程，这样既获得了知识的积累，又锻炼了团队。企业的优秀员工和管理者开发出来的不仅是课程，而且是企业的非物质文化遗产。只有这样，才能把企业积累下来的宝贵经验，以最小的信息损失传递给其他员工，避免组织经验和知识资产的流失。

培训是企业经营必备的组成部分

大学刚毕业的小安今天成功入职，成为某互联网公司的培训专员。作为新任职的培训专员，小安很快接到了第一个工作任务——负责开发某个关键岗位学习地图中的系列课程。这个任务是由小安的上级刘经理发起的，刘经理拥有丰富的培训管理经验，尤其擅长课程设计与开发。

当接到这个任务的时候，小安心中冒出一个疑问，于是向刘经理请教："为什么一家企业要花那么多时间和精力自己开发课程？培训对于一家企业来说是不是特别重要？"

刘经理听到小安的问题后，为他解答道："我先回答你第二个问题。早在1911年，美国古典管理学家、被誉为'科学管理之父'的弗雷德里克·泰勒（Frederick Taylor）出版了《科学管理原理》一书，标志着现代管理学的建立。泰勒在书中提出了三条管理原则：一是对工人的操作进行科学研究，以代替原有的经验方法；二是科学地挑选、培训和教育工人；三是与工人相互合作，劳资双方共担责任。[①]其中的第二条管理原则，就说明了现代企业培训的重要性。

"关于企业培训更系统的著作出现在1961年，麦格希（W. Mcgehee）和赛耶（P. W. Thayer）在《企业与工业中的培训》一书中提出了三种培训需求分析方法：组织分析、工作分析以及人员分析（见图1-1）。这三种方法将企业的培训与组织战略、岗位职责和人员的工作情况进行了紧密关联，更好地体现了培训的价值。这三种方法至今仍指导着企业内部的培训工作。

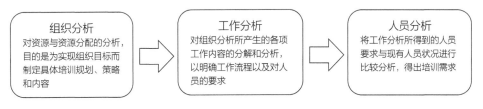

图1-1　麦格希和赛耶提出的三种培训需求分析方法

"目前，许多企业已基本接受并认可了培训的价值，认为良好的培训应与公司的战略目标相关，并运用科学的方法指导培训的设计过程，以确保培训的有效性。不少企业管理者洞悉到，企业和企业之间的竞争表面上是产品、市场份额、商业模式、营销策略等的竞争，但本质上是人才的竞争。所以企业管理者即使担心企业培训需要投入大量人力资本且在短期内不会产生直接价值，也会非常认可培训能够为企业的人力资本增值带来巨大贡献，这是一种矛盾心理。

---

① 泰勒 . 科学管理原理 [M]. 马风才，译 . 北京：机械工业出版社，2022.

"我一直都想找到一个完美的方法来说服高层领导投入更多的资源在培训上，尤其是内部课程的设计与开发上。所以你问我一家企业要花那么多时间和精力自己开发课程，其实就是问培训到底能带来什么样的价值。但是衡量培训的价值真的很难，也许永远都无法获得确切的答案。"

"如果培训的价值这么难衡量，培训会不会就被放弃了？"听完刘经理的解释，小安更加疑惑了。

"虽然培训对现代企业的价值评估很难获得满意的答案，但是，还没有一家企业可以斩钉截铁地说不需要任何培训，无论是过去、现在，还是未来。"刘经理说道，"公司需要培训的原因是什么？为什么要如此耗时耗力、速度较慢地培养内部的人，而不是从外部挖猎现成的人，获得'即时战力'？因为容易得到的人才，往往也容易失去。公司花力气培养的人才往往对公司的认同度更高，保留的时间更久，这样才能保证公司的长久发展。目前很少有哪家公司是完全靠猎头的帮助而发展起来的。公司里最核心最关键的人，绝大多数都是靠自己培养起来的，这就是公司需要做培训的原因之一。

"一组来自美国人才发展协会的统计数字表明，投资培训的公司利润提高幅度比其他公司的平均值高37%，人均产能比平均值高57%，股票市值提高幅度比平均值高20%。在中国也是如此，无论是发展较快的新兴公司，还是已经平稳发展的大公司，培训都是必需品，因为培训本身就是一种投资回报率比较高的投资。目前培训已经渗透到企业经营的方方面面。当某个部门需要提高部门工作业绩的时候、当某批员工需要获得晋升的时候、当公司进入一个新的市场的时候、当公司招聘了新员工的时候，这些时候都需要培训。小到需要解决某个具体问题，大到引进新的技术、新的系统或新的流程，甚至到颁布新的法规（如《新广告法》颁布时，国内很多公司的市场部门都开展紧急培训），以及实行组织变革的时刻（如通过培训解释变革原因和新工作的要求等），培训都起到了关键作用。

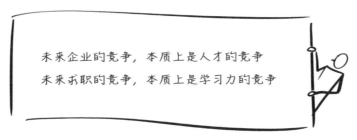

未来企业的竞争，本质上是人才的竞争
未来求职的竞争，本质上是学习力的竞争

"但是在知识爆炸的时代，我们需要学习的知识非常多，美国科学家詹姆斯·马丁更是通过数字阐述了这一巨大变化。他曾经预测人类科学知识在19世纪每50年增长一倍，20世纪中叶每10年增长一倍，20世纪70年代每5年增长一倍。而21世纪，专家估计其增长速度为每3年增长一倍。在这样的社会背景下，科学系统的培训就显得尤为重要。值得注意的是，培训也是有'保质期'的，即使是已经培训过的知识，也存在很大的过时风险。美国的一项调查发现，1976年在校学习的知识，到1980年就已经有50%过时，到1986年就完全陈旧，这就需要有不断更新的培训和课程。"

正如刘经理所说，现代企业已经越来越离不开培训，越来越多的培训管理者也感受到了日益增加的工作压力。当企业刚刚成立时，往往无法提供高薪来吸引优秀人才加盟，需要通过培训的方式，快速培养一批员工来完成企业的原始积累；当企业有所起色的时候，仍然需要由内部资深专家或外部招募的精英对企业内部员工进行赋能培训，加速企业的业务发展；当企业平稳发展的时候，培训更是无处不在。

企业的培训课程是从哪里来的

听完刘经理的解释，小安对本次工作有了进一步理解。他打开了刘经理下发的培训计划。看到周密的规划、合理的排期、翔实的内容，小安不得不对刘经理的计划能力感到赞叹。

刘经理看出了小安的赞叹之情，拍了拍小安的肩膀，说："虽然这些培训计划很漂亮，不过，如果你追问实际执行的效果如何，也许就不尽然了。"

"不是吧，这看起来就已经很厉害了！"小安很惊讶。

刘经理笑了笑，说："出现这种情况的原因是多种多样的，之所以实际效果有偏差，跟交付课程的讲师和质量有关。这个培训计划里的多数课程基本都来自四个方面：沿袭过往——过去就是这么做的；力所能及——我们能做的；领导要求——上级要求去开展的；别人宣传——自己觉得要试试的。当绝大多数培训内容都是从这四个方面产生的时候，培训管理者就要小心了，计划虽然看上去很详尽，但是结果可能不会特别好，因为其中隐藏着很多危险。

"如果是一直以来都存在的常规培训，课程的成熟度往往很高。虽然参训的学员每年都不一样，但讲授这门课程的讲师可能已经陷入'审美疲劳'，他们可能不会认真去备课。这时不妨让一个新讲师来尝试一下，哪怕只是先从助教的角色开始，同时，让成熟的讲师安排新的课题，效果会更好。

"如果是当前的讲师或者培训管理者力所能及的培训，则需要注意培训内容是否能涵盖企业的实际培训需求。因为在讲师提供的课程里，往往非重点或边缘课程偏多，含金量并不高。尽管这样的课程对企业意义重大，但培训管理者有必要在培训结束后及时以书面方式进行总结，并提醒讲师补充那些被忽略的但很重要的培训课程。如果培训管理者能够对效果进行跟踪就更好了，这样在下一次举行类似培训时，往往会获得讲师更多的支持。

"还有一些外部的商业课程，培训管理者往往仅凭宣传资料就把这些课程纳入培训计划中。这些商业课程看上去都非常吸引人，但通用性较强，与企业实际的结合度和针对性往往较弱。企业往往抱着定制化的期望，付出不菲的代价，购买到的却是为了符合多数企业而打造的通用课程。"

"那么，究竟什么样的课程才是最适合我们的？"小安继续追问。

"自己动手，丰衣足食。自己的业务专家开发出来的内部课程，才是最适合我们的课程。哪怕有当事者迷、旁观者清的可能，但是从成本以及适用性的角度来考虑，组织内部业务专家开发课程也是最合理的选择。"刘经理解释道。

这让小安匪夷所思："业务专家往往可以胜任自身岗位的工作，但是如何能够胜任课程设计与开发的工作？因为设计与开发课程还是一个很有挑战性的专业工作。"

刘经理进一步补充道："其实，课程设计与开发中最重要的是内容，至于表现形式、是否美观和谁来讲授，这些需要顾及的因素，在内容本身面前，都是次要的。真正的干货，往往蕴藏在业务专家的心里。哪怕挖掘的工具再锐利，造型再美观，如果挖错了地方，也是没用的。

"至于内容专家能否胜任课程设计与开发专家这个角色，经过上千次的实践证明，业务专家的表现远远超出了所有人一开始的预期。几乎所有的业务专家都在课程设计与开发的过程中对工作本身产生了新的认识，甚至获得了进一步的提高。如果每年都有一批这样根据需要而定制的课程出现，几年下来，企业宝贵的知识财富就能得到显著的积累。

"随着经济的快速发展、社会分工越来越精化，以及商业模式越来越丰富，通用课程已经越来越不能满足企业内部的培训需求，必须有更多具有针对性、更加深入的专业课程来补充。这一点，在很多企业内已经达成共识，培训管理者的角色也因此发生变化，从一个职能管理者逐渐地转变为内容工厂的驱动者。"

业务专家华丽转身为内部讲师

小安听了刘经理的话，顿时明白了一开始所提出的疑虑，但此时又冒出了另一个问题："除了课程设计与开发，业务专家还做讲师吗？他们又不是专门做培训的？"

刘经理似乎已经预料到了小安的提问："你的疑惑是正常的，如果你问一个业务专家，你能胜任现在的工作吗？他一般会自豪地告诉你，能！如果你问一个业务专家，你可以登上讲台，分享你的智慧，做一名成功的讲师吗？他也许就没有刚才那么坚定了。那么，业务专家真的不能成为企业内的优秀讲师吗？答案显然是否定的。业务专家不但能变身为专业讲师，而且是最适合的那一个！"说完，刘经理就泡了一壶茶，卖起了关子。

"此话怎讲？"小安很期待刘经理所卖的关子如何解释。

刘经理不慌不忙地喝了一口热茶，继续说："讲师是一场企业培训中的核心人物，因此企业内部讲师绝对是企业内部培训中出镜最高的人。那么，在一场成功的培训中，讲师的角色是什么？"

"不就是授课吗？"小安小声地吐槽。

刘经理继续说："首先，讲师的本职工作是'传播者'，传授知识；其次，讲师也是一名'激励者'，要能够激发他人的热情；再次，讲师要是一名'参谋者'，能够为学员提出的问题提供方法和建议，能够辅助对方解决疑难问题；最后，讲师还是一名'调停者'，除了控场、处理课程，还要保证课堂按照既定的培训计划顺利完成。这些要求叠加在一起，多数业务专家一定觉得很难。纵然在传授知识和提供建议方面，资深的业务专家可以轻松应对，但是在成为一名'激励者'和'调停者'方面，往往不是业务专家的特长。但每一名业务专家都具备激励者的特性，他们之所以成为业务专家，本身就是在自身岗位上出类拔萃的，他们优秀的职业发展，对他人而言，就是一种激励，只是业务专家需要把激励自己的技能用来激励他人。而对课堂的掌控，更多是从经验层面，和新技能的关系并不紧密。所以，一名业务专家只要授课经验足够丰富，对课堂的掌控能力就会水到渠成，一切只是时间问题。因此，业务专家才应该一次又一次地走上讲台，以积累丰富的授课经验。从以上角色的要求来看，业务专家完全胜任。"

"那么，一名专业讲师又需要具备哪些基本素质？"小安这时候把椅子搬了过来，准备开始做笔记。

刘经理继续说："首先是知识。主要包括两个方面：一是与培训内容相关的业务知识；二是与培训领域相关的专业知识。前者来自长期的工作积累，而后者可以通过大量的理论知识阅读和几次课程设计与开发和授课的演练习得。

"其次是技能。主要包括两个方面：一个是技术，如课程的呈现技术，如何开场、讲述、总结、提问、点评和收尾，肢体语言，语音、语气和语调等；另一个是能力，如抽象能力、建立框架能力、思维创新能力、数据分析能力、语言表达能力等。这些方面对业务专家来说具有一定难度，很多企业通过在内部开展TTT（Training The Trainers，培训培训师）来解决。经验证明，业务专家的学习能力都很强，他们很快就可以完成相关培训，并在课后很短的时间内掌握这些技能，而通过后续企业内训授课的安排又可以在实践中不断提高这些技能。

"再次是态度。当一名讲师站上讲台时，其一言一行都会被放大。如果不具有积极向上的人生态度和正确的价值观，就可能因被学员否定而导致授课失败。此外，一名讲师一定要热爱这份工作，才能把工作做好，成为一名优秀讲师。

"除此之外，如果一名业务专家掌握了互联网思维，就能帮助其成为更好的讲师。"

"什么是互联网思维？"小安打算打破砂锅问到底。

刘经理继续说："关于互联网思维的定义已经有很多，都有各自的道理，甚至已经出现了互联网思维即正义的潮流。其实互联网思维并不能解决所有问题，但是的确值得借鉴。这里所说的互联网思维并不是把传统培训放在互联网上，如放在一个E-learning（在线学习）平台上，而是无论通过什么方式组织的培训，都恰好能体现互联网思维。

"互联网思维背后有三个深层特征，一个是即时，一个是兼得，一个是跨界。

"什么是即时？过去，我们想吃饭的时候，除了自己做给自己吃，还可以到外面餐馆里吃，这就需要问地址，找饭店，上门就餐。而现在，我们会一次性完成选店+下单+支付+等上门的点外卖操作，这就是即时。

"什么是兼得？过去，在实体店买东西，快捷、放心，但是可能贵点儿。现在，网购更加省心，也更快捷，而且价格低廉。鱼与熊掌可兼得的事情，居然真的有！

"什么是跨界？过去，在五金店买锤子，在熟食店买肉肠。现在，你拿出手机，点上几下，可以买到各种东西。通过互联网可以做很多事情，从遥远的咨询到后来的电商，再到社交、买房。也许未来绝大多数事情都可以在互联网上进行。已有越来越多的互联网企业家提出了无界的概念，也许唯一可能产生界限的就是没有网络信号。

"如果你是企业内的培训管理者，你同样也希望费用当省则省，讲师和课程越多越好，效果越落地越好，反馈越赞越好，绩效提高越明显越好。互联网思维时代给每个人的思想都留下了新的烙印，也提出了新的标准：快速拿到结果要的是即时；费用低、效果好要的是兼得；让内部的业务专家开发和讲授课程是跨界。无论时代如何变化，企业的盈利模式都是利用资源的稀缺性对外提高营收，同时利用规模效应和精细化运营对内降低成本。毕竟，用技术的丰富性来解决资源的稀缺性是亘古不变的道理。

"我们提倡由内部业务专家开发课程的原因，正是出于互联网思维应用的考虑，需要定制化的课程，又希望又快又好。如果一个新培养的讲师懂业务能讲课，甚至还能复制传播给后来者，不正好符合典型的即时、兼得、跨界的互联网思维吗！"

听到这里，小安心中的谜团基本解开了。

资源固然是有限的，但资源是可以无限开发的

作为企业内的一名培训管理者，为企业寻找和提供优质的课程是最重要的职责之一，小安也不例外。尽管有几门自己比较擅长讲授的课程，但培训管理者不是机器猫，不能讲授所有的课程，每年的培训经费又总是有限的。那么，如何保证有足够的培训课程，来尽量填补企业实际需求和培训管理者组织供给之间的鸿沟？

这是每名培训管理者必须面对的问题，因为巧妇难为无米之炊。不过值得庆幸的是，小安毕竟是一个"巧媳妇"，有时还能获得"锅"和"烧菜"的收益。所以，学会利用自身的资源和优势，进行资源置换是一个好方法。

小安为了学习培训技术的干货，关注了"培训江湖"公众号，进入了培训管理者的交流群，和其他企业的培训前辈进行了交流，收获了一些鲜为人知的好方法：

第一，可以用闲置的培训教室来换取免费的学员听课名额。一般情况下，企业的会议室在工作日总是排得满满的，但是在周末往往是闲置的，可以用作培训教室。经常有一些职业讲师要做自己课程的试讲和推广，却没有学员和场地。培训管理者在获得批准的情况下，可以主动和他们联系，在周末利用闲置场地开课。培训管理者也可以在企业内招募一定数量的学员听课，其他学员可以交给讲师自己招募。比较开明的讲师甚至还允许培训管理者在课堂上用3~5分钟介绍自己的企业。有的培训管理者认识

很多外部讲师，那么基本可以保证每个季度都可以利用周末为企业内部提供培训。

第二，邀请其他企业培训管理者来授课或者为对方提供我方培训管理者的授课机会。多数企业的培训管理者都有自己比较成熟的几门课程。例如，甲公司的培训经理会讲"时间管理"，乙公司的培训经理会讲"商务礼仪"，所以如果甲、乙两公司的培训经理互相认识，而且获得了双方公司认可，是完全可以邀请对方来给自己公司讲课的，作为回报，也可以给对方公司免费讲课。双方都没有损失，又同时受益，还增进了感情。培训管理者是重要的资源拥有者，所以不要把眼光只局限在公司内部，外部资源一样可以使用。不求为我所有、但求为我所用是一种更睿智的心态。

第三，多邀请企业内部的管理者或业务专家给大家做培训和分享。很多企业的管理者和业务专家都是非常有水平的，理论知识和实践经验都很丰富，所以完全可以请他们多为企业的同事做分享。这种做法甚至会让参与其中的人也获得天翻地覆的变化，成为你培训工作中的重要伙伴。

小安想起刘经理说过，曾经有一位业务能力和管理能力特别强，但是不善演讲的管理者。开始只是被培训管理者邀请，勉为其难地在新员工训练营上做了一次简单的分享，但是效果非常好。没想到后来，这位管理者越来越有自信，讲得也越来越好，反而成了企业出镜率最高的讲师，甚至还被邀请担任某重大产品发布会的演讲嘉宾，并不久获得了晋升。这对企业和个人来讲，都是双赢的好事情。

当然，还有很多方法。例如，培训管理者参加外部培训课程后，可以把某些自己掌握的，或者觉得对企业有帮助的内容，在内部做一次分享。

还可以在内部发起招标，通过物质奖励的方式，激发内部讲师攻克某个培训课程，为大家进行培训。

只为成功找方法，不为失败找借口。小安认为，只要掌握了方法，每个职场人都可以成为培训达人。

02

茶壶煮饺子，有嘴倒不出：业务专家的窘境

小安已经入职三个月了。今天，刘经理通知小安下午3点在二楼会议室参与一场内部培训。据了解，发起本次培训的主要原因是，今年公司业务高速发展，越来越多的新鲜血液加入进来，公司希望发挥老员工"传帮带"的优秀传统，特意邀请业务经验丰富的马经理为大家做一场培训。在培训开始之前，马经理抱怨道："这些工作不是很简单吗？自己做几遍就会了，根本不需要我来讲。即使需要我来讲，一时半会儿，我也想不好要讲什么内容。"

小安听到马经理的抱怨后很不理解，心想："教别人自己熟知的内容不是挺简单的吗？为什么会出现这种情况？"

从儿童时代骑自行车开始说起

小安回忆起儿童时代自己学骑自行车的经历。早些年，小孩子学骑自行车，都是用家里大人的"二八横杠自行车"来练习。因为个子不够高，总是把其中一条腿从横杠下面穿过去练习。虽然骑起来身子歪歪扭扭的，车子晃晃悠悠的，小安却觉得乐趣无穷。

后来，有了女士自行车，高高的横杠没有了，小安还不能够到车座，但可以骑得稳当了。再后来，有了儿童自行车，有了更小的轮子、更合适的尺寸，甚至有的还安装了辅助轮，更加安全了。小安在骑自行车时就不容易倒了。

从那以后，小安就告别了大人帮扶着车子，跟在身边寸步不离的烦恼。小安甚至还记得当自己骑熟练之后，大人用扳手帮他拆掉多余的辅助轮的场景。

小安之所以想到这个经历，是因为他在试图换位思考：如果我是马经理，一名熟练的自行车骑手，马经理现在的目的不就是要教一些不会骑自行车的人，快乐地学会骑自行车吗？但对于熟练的骑手来说最容易遇到的窘境是，内心十分清楚怎么骑自行车，但很难通俗易懂地教会一个新手去骑自行车。也许，马经理并不是不想教，也不是想隐瞒自己的技巧，更大的可能是，他陷入了业务专家的窘境：茶壶里煮饺子，有嘴倒不出。

如何帮助马经理解决这个问题？

显性知识和隐性知识

马经理目前遇到的问题就是没有人帮助他对显性知识进行提炼，或者把一些隐性知识进行显性化处理。

什么是显性知识？显性知识是指那些可以通过语言、文字、符号和图表等明确表述，从而直接进行传播交流，分享给他人的知识。典型的显性知识包括专利、书籍、文章、规章制度、设计图、论文和报告等。

什么是隐性知识？隐性知识是指那些难以用语言、文字及网络等手段进行传播的，存在于个人身上的，与个别情景经验有关的，主观独特的，而且难以具体的知识。这类知识包括信仰、直觉、思维模式和所谓诀窍（如管理理念或应急处置方案）。

小安知道，显性知识是"冰山的尖端"，如拜访客户的流程；而隐性知识是隐藏在水面下的大部分，比显性知识更难发现，是巨大的经验宝藏，如拜访客户时如何留下良好印象的窍门。对于马经理而言，他目前没有通过一种系统方法去梳理那些经验，并把这些经验转变成文字语言、或图表等。这些造成了马经理的抱怨。

这时，最好的方法也许并不是从现有的思路和经验出发。小安让马经理回想一下：当年他作为公司新人的时候，他的导师是如何带领他完成工作的；当年他是如何从对工作完全陌生到基本胜任，再到最后可以独立地、保质保量地完成的；他走过了怎样一条道路。

通过马经理的回复，小安确信马经理的导师就是通过把知识和技能显性化，或者把一些隐藏的知识和技能挖掘并展示出来，从而帮助马经理克服了困难，并且很快掌握了一些窍门，顺利胜任了岗位的要求。这样小安的心里更有底了。

那么，到底应该如何去提炼显性知识和隐性知识？

小安发现，在传授显性知识方面，传统讲授的方式结构性好、逻辑性强、效率高，但知识的留存率不高。但在传递隐性知识方面，案例教学法则更适合。案例教学法不仅可以帮助学员积累和理解工作中的理念、思路和方法，还可以培养学员的思维模式，提高知识的留存率。所以，小安建议马经理最好能够开发一个培训课程，并且通过穿插一些案例把那些非常不容易讲通讲透的隐性知识和技能传递给那些懵懵懂懂的新员工。

案例教学法除了能够把隐性知识显性化外，还能够帮助马经理更好地去教学。表2-1是一份针对传统教学法和案例教学法所做的比较研究。在这份研究中可以清晰地看到，案例教学法在训练逻辑思考能力、信息收集与整理能力、分析与决策能力、计划与组织能力、沟通与协调能力、人际交往能力和领导力方面的有效性会比传统教学法高出3.82~20.16倍不等。[①]

表 2-1　传统教学法与案例教学法的有效性比较

能力	传统教学法	案例教学法	效能比
逻辑思考能力	19.4%	74.2%	3.82
信息收集与整理能力	16.1%	71.0%	4.41
分析与决策能力	12.9%	83.9%	6.50
创新能力	12.9%	12.9%	1.00
计划与组织能力	16.1%	67.7%	4.20
沟通与协调能力	3.2%	64.5%	20.16
人际交往能力	9.7%	71.0%	7.32
领导力（影响别人的能力）	6.5%	58.1%	8.94

此外，小安还提醒马经理一些其他的传授知识和技能的窍门。一堂失败的培训课，有时候不是因为内容不全、逻辑不好，或者讲授的人把课堂变得太沉闷。最大的原因往往是，没有任何一个片段给参训者留下深刻的印象，或者没有任何一个片段让对方觉得非常欢乐，或者没有让对方感觉到有所收获。所以除了案例教学法，还可以通过一些其他方式给学员留下印象非常深刻或者非常欢乐的片段。

出乎小安意外的是，马经理对小安的建议并不是很感激，反而感到非常有压力。他问小安："原来教会别人这么复杂！你有没有什么简单的方法推荐给我？"

---

① 付永刚，王淑娟 . 管理教育中的案例教学法 [M]. 大连：大连理工大学出版社，2014.

小安说："不是我不想给你一些简单的方法，而是我怕给你一些简单的方法后，会让你的学员参加了一场假培训。"

"培训还有假的？"马经理不解地问。

小安说："接下来我给你分享一些我的经历和看法。"

企业内的假培训

小安说："在解释什么是假培训之前，先谈谈什么是企业培训。

"绝大多数企业对培训的描述性定义是，企业培训是以学员为中心，以讲师为主导，最终目标是提高组织绩效的系统性工程。企业培训的中心应该是学员，而不是讲师，这就是我们所说的因材施教。讲师是主导，也就是说，课程的进度由讲师来把控。最终的目标是学以致用并提高组织绩效，也就是我们所说的'结果导向'的意思。可以暂且将这里的组织简单地理解为企业。

"相比教育，培训对效果的要求会显得更急功近利一些。海尔大学在早期的时候曾经提出公司培训工作的四个原则：一是干什么学什么，二是缺什么补什么，三是急用先学，四是立竿见影。这四个原则，道出了绝大多数企业培训的准则。

"如果以学以致用并提高组织绩效为衡量标准，那么企业内的一些培训是达不到这个标准的。这些培训可以称为'假培训'。

"不知道你有没有似曾相识的经历：在听课时感觉收获很大，下课时带走了全部的课堂资料。刚回去的时候，还会偶尔翻翻资料回忆一下，但是过了一段时间，基本就忘光了。过了好久以后的某一天，你可能无意间在角落里（可能是书柜上，也可能是电脑文件夹里）看到了一份培训课程。才发现原来你过去学过这个课程，不过好像什么都记不起来了，也从来没有用过。所以，企业花费了时间和金钱，你也投入了时间或投入了金钱，但培训结果并没有促成技能的提高、行为的改变、有益的结果。如果是这样的，我们参加的也许就是一场假培训。听到这里，你心里也许会很难受，但这可能就是司空见惯的事实。"

小安继续说："你可能会说，我们就评价一下组织效能的提高吧。但这并不像我们想象得那么简单。评价一场培训是否能提高组织效能的方法有很多，包括柯式四级评估法、五级评估法、成功案例法、预测评估法等。按照美国知名培训效果评估专家杰克·菲利普斯的五级评估法理论，一场培训的投资回报率可以按照下面的公式进行计算：

培训的投资回报率=培训净收益÷培训总成本×100%

=（培训总收益−培训总成本）÷培训总成本×100%

"在这个公式里，培训总收益和培训总成本都需要一些专业方法来进行剥离和统计。暂且不考虑计算起来更难的培训总收益，相比好计算的培训总成本也不像大家想象得那么好计算。培训总成本可以由很多费用构成，如请讲师的费用、学员的差旅费用、场地的租金、教材的费用、学员的餐费等。我们可以猜一下，在企业内组织一场培训，最大的成本是什么？也许有人觉得是租用教室、雇佣讲师、购买物料等的成本，但这些成本在整个项目的成本中占比并不高。也许有人觉得，学员的工资支出也是很大的成本，毕竟为了参加培训，有许多学员需要临时脱产来参加培训，这部分的成本往往是被忽视的。

"最大的成本，其实是学员因为参加培训而损失掉的机会成本，也就是学员如果不参加培训正常工作给企业带来的产值。这部分数额在成本中的占比最大，一般是远高于学员的工资支出的。我们可以用一个简单的公式来表达这样的成本比较：

培训的直接成本＜学员的间接成本＜学员创造更大价值的机会成本

"如果以这种方式来计算，哪怕仅仅是1小时20人参加的小型培训，其真实的培训成本也许需要好几千块钱甚至更贵。收益能够和成本相抵吗？能够有好的投资回报率吗？起码假培训不能！"

企业内的真培训到底是什么样子的

说完假培训的论断和惊人的成本的计算方式，不知道读者是否也有同感，原来我们身边没有任何实质产出的假培训这么多。为什么会这样？

当小安还是学员的时候，并没觉得这是个问题，觉得上课时有所收获就好了。后来当小安偶尔成为企业内部讲师的时候，他依然不觉得问题很严重，"师傅领进门，修行在个人"，他认为主要原因可能是学员自己太懒惰了。当小安做培训管理者一段时间后，他突然发现自己过去的理解其实是失之偏颇的，背后的原因有很多种。这里仅谈几个重要的感悟，分享真正的企业培训应该是什么样子的。

第一，培训虽然是在传授知识，但是发起这场培训的初心至少是要解决某个问题，而不是知识的灌输。假设甲公司有三名讲师，都是给业务人员做产品培训的。如果请教他们，希望在他们做的培训结束后，达到一个什么样的结果，答案可能是截然不同的：

A讲师可能会说，我希望学员掌握产品的特性和基础知识。

B讲师可能会说，我希望学员可以熟练使用我们的产品。

C讲师可能会说，我希望学员学会如何在客户面前自信地展示我们的产品，营造价值，并完成销售任务。

那么，你觉得哪名讲师的目标更靠谱？很多人的答案可能觉得C讲师的目标更靠谱一些。因为A讲师的目标，完全可以用一本详细的产品说明书来实现。学员通过反复阅读这本产品说明书，基本就可以实现同样的目标。B讲师的目标，显然比A讲师的目标更加合理，因为这个目标比简单地掌握知识更进了一步，到了定位于熟练使用的阶段，已经到了知行合一的范畴。但是综合对比之下，C讲师的目标是更具有实际意义的。因为要实现这个目标，C讲师的课程内容，一定会包括A讲师和B讲师的内容，既有知识，又有实操。更重要的是，C讲师对培训的理解，在高度上要更上一层楼，他明确地知道这次培训是要帮助学员解决某个具体问题的。

第二，一定要关注学员的不同需求、学习能力、风格差别，要因材施教。人们非常容易以己度人。例如，有的业务专家从小语速比较快，学任何新东西都非常快，领悟能力也特别好。当业务专家以讲师的身份站上讲台的时候，这些天赋往往成了教学的障碍。如果这名业务专家寄希望于学员的学习习惯和风格也和他一样，是非常不现实的。因为在培训的课堂上，学员的背景是多种多样的，有的学员水平甚至比讲师还高，他们只是过来听听有没有什么新的东西；而有的学员学习能力比较弱，在学习进度上也许就有一定的困难。当然，也不排除大部分学员的学习能力还是非常不错的。

不仅是学员学习能力的差别，学员对讲师语言风格的喜好也有很大差别。例如，有的学员喜欢开门见山，快言快语；有的学员喜欢铺垫烘托，娓娓道来。有的学员对讲师的教学风格也有不同的喜好。例如，有的学员希望理论知识再多一些，哪怕课堂沉闷一点儿；有的学员喜欢课堂的活动更丰富一些，演练和游戏的内容更多一些。

学员的性格特点对课堂也有一定的影响。例如，有的学员比较外向，愿意积极参加课堂活动和表达自己的观点；有的学员比较内向，尽管乐意配合参加课堂活动，但比较内敛，不会轻易表达自己的意见。

从讲师的角度来看，面对这些教学偏好和风格，上好一堂让所有人都满意的课就变得无比困难。这就好比让一个物体，如何做到既圆又方，既黑又白。作为讲师，站在讲台上，讲清楚内容就已非常辛苦了，如何又能同时照顾到不同学员的需求？

处理这些教学偏好和风格比较好的方法就是保持灵活。如果课程内容知识点特别多，那么可以在课前发放一份基础知识手册，供大家预习和阅读，让大家提前进入学习状态，尽量弥补学员之间不同知识背景的差异。讲师在备课的时候也要做好两手准备。一是，在原有课程内容的基础上额外准备一些较深、较难的内容。如果授课时发现学员的学习能力较强，过往的经验较丰富，就可以多讲一些这部分的内容，否则，就按照原定内容来讲。

二是，讲师在课堂上也可以推荐一些和课程相关的专业图书，作为授课内容的补充。讲师可以带一两本到课堂上，对学习能力比较强、课堂表现较好、积极回答问题的学员，把这些书作为奖品送给他们。在课程快结束的时候，讲师还可以发一份快速操作手册（可以是简单的一页纸工具、快速应用的一招三式的简单说明，或者往期学员常见问题的整理和解答等）。在数字化时代，也可以以电子版PDF文件的方式，课后发到学员的手机上。这样即使对课堂上某些知识的细节还没有完全了解，学员也可以参照这个文件，边自学边领悟。

在课堂上，讲师要多注意观察学员的状态。如果课程的知识比较新或比较难理解，那么讲师可以讲得慢一些，甚至可以多讲几遍。如果学员对课程内容比较熟悉，而且能快速理解，那么讲师可以讲得快一点儿，语速也可以适当放快，有些环节甚至可以一带而过。

第三，与其大而全地泛泛而谈，不如稳准狠地打透某一个点。兵法中有"宁可断其一指，不可伤其十指"的说法，也就是我们所说的聚焦。作为一名经验还不够丰富的讲师，是非常容易被宽泛的培训需求误导的，所以需要讲师透过现象看本质，直击要害。

例如，讲师被安排了一场3小时的授课时间，需要讲商务礼仪、职业素养、时间管理和沟通管理四个方面的内容。对于培训组织经验并不丰富的培训管理者来说，这样的课程难度并不大，但对于讲师来说，压力是非常大的。因为培训并不是在单位时间内，讲的内容越多越好、越全面越好。从学员接受程度的角度来看，20分钟以上的讲授，就会因为太大的信息量和内容量而导致"消化不良"。所以，即使后面的内容再好、再精彩，学员也是吸收不了的。无论讲师的掌控能力多强、调动气氛能力多高，学员的学习热情多高涨，只要连续讲授超过1小时，学员的大脑就会进入糨糊状态。

一个比较好的方法是，针对课程的重点做课前调研，哪怕只找一两个学员，或者和培训组织者沟通一下，问一下他们想听什么，希望培训解决什么问题，也会更有针对性一些。对于类似课程，比较好的方法是，确定一个重点，其他几个可以简单概括，不要搞平均主义。

即使出现需求范围过宽的情况，也不都是培训组织者或培训需求方的错，因为收集需求的时候，会有大量需求信息输入进来。培训组织者因为无法识别其中的培训重点是什么，更无法知道讲师在哪些方面的研究比较深入，所以往往只能原样地，没有任何轻重缓急地传达出培训需求。一名负责任的讲师应该多和需求方（提出培训要求的人，往往是部门管理者）沟通，和学员（往往是被要求参加培训的同事）沟通，彼此之间达成共识，才能确定培训的重点。

这就是业务专家应邀作为讲师时，应该考虑的一些问题。想要做好一场真正成功的培训，必须抱着解决问题而不是传播知识的初心，备课的时候要照顾到不同学员的可能性，做好多手准备，不要被培训需求误导，要多和需求方和学员沟通，聚焦授课内容的重心。只有这样，才不会掉入假培训的陷阱，也才会获得真培训的快乐。

以上的真培训对讲师提出了很多要求，可能会让一些想成为讲师的业务专家无所适从。但如果业务专家能够从科学的课程设计与开发方法入手，那么所有问题都可以被解决，这也是本书所要讲述的重点内容。

03

百家争鸣，百花齐放：常见的课程设计与开发技术

　　课程设计与开发技术有很多流派。各个流派的技术特点和开发流程各有不同，但是最终的目的都是开发出一门深入浅出的精品课程。这有点儿类似于烹饪，烹饪常见的方式有炒、爆、熘、炸、烹、煎等，无论选择哪一种或者哪几种，其目的都是做出一道既结合食材本身的特点，又满足食客口味偏好的美食。条条大路通罗马，让我们跟随小安，一起看看课程设计与开发的进化史吧！

　　时间过得很快，转眼小安已经在公司工作了三年。某天晚上，小安经过一天充实的工作后，很快进入了梦乡。在梦中，小安穿越到了2050年的中国北京。这一年，中国的GDP规模已经连续20年全球第一，《财富》世界500强企业中一半以上都是中国企业。来自世界各地的人们每年如潮水般涌入中国，学习中国国家和企业的成功之道和最佳实践。而今天正是人才发展协会全球年会首次在美国之外的国家举办的开幕日。头发已经花白的小安，正作为中国某课程开发公司的首席顾问，面对来自世界158个国家和地区的两百多万名听众，通过全息影像实时位移技术进行"敏捷课程设计与开发——来自中国的最佳实践"的精彩分享。小安的主题似乎向世界宣告，在课程设计与开发这个领域，曾经落后的中国人已经走在了世界的前沿。

　　"叮——"清晨的闹钟总是那么不解人意。被闹钟吵醒后的小安在心里暗自发誓，一定要让刚刚的梦成为现实。

在开车上班的路上，广播里正在播放着美国互联网女皇玛丽·米克（Mary Meeker）对互联网趋势和走向的分析，包括对中国互联网行业的预测。玛丽认为，在人们日常开支占比越大的行业，越容易受到移动互联网的影响。这些行业包括衣、食、住、行、学等各个方面，如房产、交通、餐饮、服装、零售、新闻／杂志、金融／借贷／支付、医疗保健、娱乐、人员雇佣模式、运动、家居、教育／学习、文件管理／内容整理／笔记纪录、大数据等各个领域。[①]小安深受启发，在这个创业创新的年代，随着"大众创业、万众创新""互联网＋"概念的推出，整个社会经济蒸蒸日上，而小安所在的公司为了赶上这个风口，提高估值，尽快上市，公司要求每件事情都要做到简单、快捷和有效，这也给小安的培训工作带来了无穷的挑战。

在这些挑战中，最难的就是如何把互联网思维和移动互联网技术融入培训工作中。他们不断发明很多流行词语来吸引公司高管和内部员工的眼球，如"引爆点""尖叫点""痛点""5分钟微课"等。小安与同事们经常加班加点，就是为了尽快完成领导下达的培训任务。

---

① 米克尔．中国已成为互联网领导者 [J]．中国总会计师，2016(06):9．

对牛弹琴

为了沉淀公司的组织经验，批量化为公司培养优秀人才，小安经常组织公司内部的优秀员工和管理者一起开发课程，以提高培训的效果和针对性。用当下最时髦的互联网思维解释，这是一种参与感，发动公司领导一起参与培训，让其体验培训的难处，以便日后获得更多支持。这种方式在公司起到了很好的效果，于是公司营销副总找到小安，希望小安带领营销体系的管理者在三个月内完成"职业礼仪""沟通技巧""非人力资源经理的招聘技巧""移动互联网下的营销体系""移动互联网下的资源整合""门店管理的技巧"6门课程，且每门课程的时长为2~4小时。

由于学员都是公司的中层管理者，小安经过多方考察和比较，最终选择了行业内知名的大咖——王大师。王大师的背景非常强大，国内某知名大学心理学博士，具有多年的课程设计与开发经验，服务过多家大型知名企业，在业界有非常好的口碑。小安相信，在王大师的带领下，这20位中层管理者一定能够掌握课程设计与开发的方法，开发出精品课程。

经过一周的准备，终于到了开课这一天。简单开场后，小安坐到了教室后面的座位上，并拿出笔记本准备好好学习大师的技术。令小安没有想到的是，正是这堂课，引出了课程设计与开发的中国版新模式。

课程一开始，王大师介绍了课程设计与开发的发展历史。他提到了国内外的差异：在国内，课程设计与开发处于起步状态，而在国外，课程设计与开发作为一门专业性很强的学科已有60多年的历史。在第一天的授课时间里，他不断给学员提供课程设计与开发的专业理论、工具和案例。许多案例都是他在过去几年中所做过的课程设计与开发咨询项目，中间也会穿插一些小的练习。可以看出，王大师是一名专业水平很高的课程设计与开发专家。然而奇怪的是，这些管理者的反应并不是很热烈，很多人边听课边玩手机，还有一些人目光呆滞，显然听不明白王大师在讲什么。在王大师引导练习的过程中，好几个管理者仿佛置身事外……观察到这些现象的小安隐隐感觉有些不对，但又不清楚问题出在哪里。于是，小安在课间询问了几位管理者，其中一位管理者说："客观地说，讲师的专业水平很高，讲授了大量的经验和方法。这些经验和方法虽然好，但对我们来说太难了。不是我们不努力，我们实在是学不会。"另一位管理者说："我感觉讲师把课程设计与开发搞得太复杂了，我们开发这么短的课程，用得上这么复杂的流程吗？"

通过课间的学员调研，小安顿时明白问题出在哪里了。对于这些管理者来说，他们更希望知道如何快速把这些课程设计与开发出来。如果讲师花费大量时间去讲解课程设计与开发的发展史以及一些专业理论，不就是对牛弹琴了吗？

小安赶紧把学员的意见反馈给了王大师。没想到，王大师一听脸色就变了，生气地说："课程设计与开发本来就是很难的一件事情。我给其他人上课都是这样讲的，为什么给你们公司的人上课要求这么多？其实，问题不在我身上，主要是你安排的学员基础太差了。"王大师意识到语气太重了，马上又安慰小安："你也别着急，他们听着听着就会明白的。我也会增加一些问答环节，尽可能让他们听懂。"

小安过往的经验告诉自己，既然课程已经开始，最好不要给讲师太大的压力，以免讲师发挥失常。于是，小安诚恳地对王大师说："请您尽可能讲得通俗易懂一些，他们的目标就是出成果、产出课程，拜托您了。"

在各方都充满疑虑的状态下，王大师终于把第一天的课程上完了。小安也带着疑虑回到了家中。或许是因为白天的压力有些大，吃完晚饭后，小安早早就躺在了床上，思考着学员的问题和讲师的回答。想着想着，困意袭来，小安迷迷糊糊地睡着了。

时光穿梭

在睡梦中，小安穿越到了第二次世界大战的战场。他飘在风口，突然身边窜出两队战斗机：一队战斗机上有着纳粹德国空军的标志，另一队有美国和英国空军标志。德国的战斗机主要由FW-190A和梅塞施密特BF109两款战机组成，美国和英国的战斗机主要由P-47雷电战机和"喷火"式战斗机组成。德国的一架BF109战斗机呼啸着从小安的头顶上飞过，以最大的俯冲速度恶狠狠地向美国一架P-47雷电战机飞去。

400米，300米，200米，100米，BF109用最大速度从P-47的后下方30°角接近，随着一串子弹呼啸着喷出，P-47当场爆炸。残酷的战争场面让小安很震惊。在击毁击伤12架德国战斗机的基础上，最终美国和英国以损失7架、受伤10架的劣势结束了这场空战。

返回基地后，飞行员把战斗情况汇报给上级领导。军官开始分析为什么飞机战损率如此之高，并把相关的战斗情况反馈给了空军总部。美国空军一方面决定加快研发更加优秀的 P-51 "野马"战斗机，另一方面继续研究如何更有效地训练飞行员。

为了找到更加有效的训练方法来降低飞行员的战损率，美国空军聘请了很多心理学家和教育学家来研究这个问题。其中有一位30岁出头的年轻学者——罗伯特·加涅，一位刚从布朗大学毕业不久的博士。

小安跟加涅打了声招呼，加涅正在埋头研读资料，本能地回复了个"Hi"。加涅在第二次世界大战期间一直在美国陆军航空队工作，研究如何更好地选拔和训练飞行员。正是这个年轻人的研究成果，整整影响了全世界20年（20世纪六七十年代）的课程设计与开发领域。[1]

小安跟随着加涅的人生继续穿越到第二次世界大战结束后，加涅还在研究更加简单、容易理解和方便实施的教学训练方法。从1949年到1958年，加涅就职于美国空军人员和培训研究中心，担任认知技能和运动技能实验室主任。小安看到正是由于美国军方和政府的资助，类似加涅、布里格斯（Briggs）、布卢姆（Bloom）等这批人在军队的早期基础性研究奠定了未来课程设计与开发的理论基础。所以最初对课程设计与开发的研究大多都有美国军方的身影。

慢慢熟悉之后，加涅逐渐对这个勤学好问的小安产生了一些好感。加涅告诉小安："其实，课程设计与开发研究的核心是对各种流程或模型的研究。早在20世纪五六十年代，美国学者就提出了许多课程设计与开发模型。早期模型研究中最重要的事件之一是，1961—1965年密西根州立大学巴森博士（Dr. Johnson Barson）进行的研究项目——"系统性教学开发：一个展示和评估项目"（Instructional Systems Development: A Demonstration and Evaluation Project）。在这个项目中，他提出了早期系统性课程设计与

---

[1]　沈力军. 罗伯特·加涅 [J]. 外国中小学教育,1986(02):44-46,49.

开发模型中的经典模型之———巴森模型（Barson's Model）①。"

在介绍完巴森模型后，加涅的语气突然变得有些犹豫。他对小安说："因为你是外国人，我想要告诉你一个有重大意义的事件，但又怕违反纪律。"加涅的话引起了小安强烈的兴趣，于是用渴望的眼神看着加涅。加涅无奈地说："好吧，科学无国界，再说这件事迟早也会公布于众，跟我来吧。"加涅把小安带到1975年的美国佛罗里达州立大学。在这所美丽的高等学府，加涅度过了他的职业生涯的最后阶段。在那一年，受美国陆军委托，佛罗里达州立大学的几位教授为更有效地训练美军士兵，设计了课程设计与开发的ADDIE模型（见图3-1）。该模型包括分析（Analyze）、设计（Design）、开发（Develop）、实施（Implement）、评估（Evaluate）五个要素，一共19个步骤。这个模型随后也被美国海军和空军采用，并且在军队中的应用相当成功。随后美国将其应用于高等教育和企业，产生了巨大影响。②

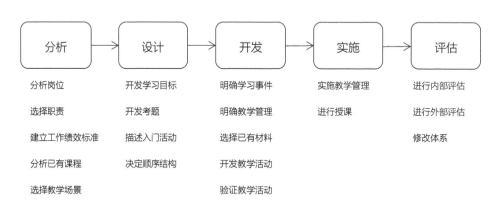

图3-1 佛罗里达州立大学为美国陆军开发的ADDIE模型

① GUSTAFSON K., BRANCH R M. Revisioning models of instructional development [J]. Educational Technology Research and Development, 1997, 45（3）: 73-89.

② CLARK，DONALD. History of knowledge, instructional system design, learning, leadership, management, and organization development [OL], Feb. 16, 2022.

基于ADDIE模型，美国的学者和培训行业的实践者推出了很多系统化课程设计与开发模型，这些模型统称ISD（Instructional System Design，教学系统设计）模型。

加涅还提到，除了美国军方的ADDIE模型，1978年由迪克（Dick）和克里（Carey）夫妇推出的系统化开发模型也是课程设计与开发领域最经典的模型之一。描述此模型的《系统化教学设计》（*The Systematic Design of Instruction*）一书被美国课程设计与开发从业人员誉为课程设计与开发的圣经，此书在1978年出版第一版之后，已经再版了多次（最新的第七版已于2011年出版）。

小安告诉加涅："中国也引入了ADDIE模型，安迪曼咨询公司基于大量项目经验创造了基于行为改变的课程设计与开发模型——PADDIE模型〔在ADDIE模型的基础上增加一个计划（Plan）〕（见图3-2），最初这个模型来源于迪克和克里的模型。很多企业还依据ADDIE模型定制出符合自己企业的课程设计与开发流程。"加涅笑着说："太好了，看来，以系统化方式开发课程的ADDIE模式已经成了中国课程设计与开发的主旋律！"

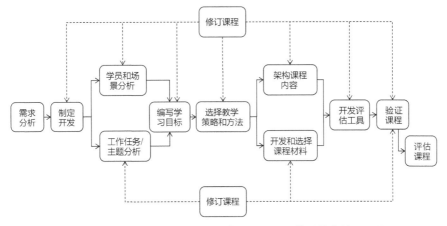

图3-2　基于行为改变的PADDIE模型（ADDIE模型的变体之一）

（版权所有 © 安迪曼咨询）

在与加涅愉快的交谈中，小安感觉收获满满。他突然想起白天课堂上的疑问，于是问加涅："加涅老师，你看我们搞了这么多复杂模型，我们的学员都学不会，这可怎么办？"加涅略显诧异，说："我所知道的世界截止于2002年，再往后的事情就不了解了。但我相信未来的世界是年轻人的世界，21世纪很有可能是中国的世界。期待你们能够在我们的基础上，做出进一步的改进。"

他冲小安挥了挥手，说："再见，我知道的就这么多，接下来就要靠你们了，祝你好运！"望着这位奉献毕生给课程设计与开发、心理学和教育学的老者渐渐远去的身影，小安心中充满了敬意。

幡然醒悟

小安从梦中醒来，看了一下闹钟，时间是凌晨4点30分。因为这个有趣的梦给了小安很多启发，让他辗转反侧，思前想后。于是，他决定起来好好思考一下如何解决昨天白天上课时那些管理者提出的疑问。

小安仔细分析了王大师上课的方式。他认为，王大师的课程设计与开发方法基于这样的假设：

（1）课程设计与开发人员应当是专业培训人员或专业课程设计人员。

（2）开发的应当是2~3天的大型复杂课程，所以课程设计与开发是一项复杂而艰巨的任务，通常一个课程设计与开发的周期是3~6个月。

（3）课程设计与开发的产出成果应当是高标准的，成果中必须包括课程大纲、PPT、讲师手册、学员手册、多媒体材料、考试题、辅助学习材料等。

因为第二假设，所以要用复杂的流程来完成课程设计与开发任务。然而，在课程设计与开发过程中，课程设计与开发人员需要经常沟通目标学员和领导的需求，但他们并不在课堂上，因此课堂上主要讲授课程设计与开发方法，无法完成实际的课程设计与开发任务。即使业务骨干和专家在课堂上，也难以有足够的时间完成课程设计与开发的所有任务。

这些假设虽然合情合理，但不符合王大师举办这个课程的初衷以及移动互联网时代的特点。于是，小安拿出床头边的A4纸，写下了他对未来课程设计与开发的想法：

（1）必须使用工作坊模式，边学习课程设计与开发方法，边产出课程，这是最经济有效的。

（2）课程设计与开发的周期要缩短到3~6天。

（3）众筹课程设计与开发，主要由业务骨干和管理者开发课程，而不是专业培训人员，否则给培训部门造成的压力就太大了。

（4）课程设计与开发应当是简单易学的，所有人都能学会。

（5）业务骨干和管理者在开发出课程内容之前，很多教学设计的工作是没有意义的，如教学方法和学习目标等。

（6）开发的应当是短小精悍的迷你课程，绝大多数课程都只有2~4小时的时长，便于日后的组织和实施。

（7）期望在学习课程设计与开发方法的同时，完成课程设计与开发的任务。

（8）业务骨干和管理者懂内容，可以加快课程设计与开发中内容开发的速度。

（9）由多名业务骨干和管理者组成项目组，通过合理的任务分解与协作，快速完成课程设计与开发任务。

（10）可调动少量与所开发课程相关的人员参与到课程中。

（11）一些准备工作（如选题、需求调研、课程素材的收集）可以提前通过课前准备会的方式完成。

（12）课程设计与开发交付的成果可以更加灵活，允许迭代模式。一开始，课程交付只需课程大纲、PPT和简单的授课说明即可。对于学员反馈好的课程，未来可以补充讲师手册等各种详细资料。

这满满一张A4纸的期望，似乎遥不可及，但也未必完不成。小安开始思考如何重构课程设计与开发模式，敏捷高效地完成课程设计与开发任务。因此，他草草地勾勒出一个敏捷课程设计与开发六步法：

第一步：开展课程设计与开发协作会议。由公司领导解释课程设计与开发的意义，建立业务骨干和管理者开发课程的动机。随后由引导师引导课程设计与开发的方向、需求、需要收集的素材和交付成果的要求。

第二步：组建课程设计与开发创意团队。团队主要由业务骨干和管理者组成，他们都在一定程度上了解课程内容，有不同的角色分工，愿意投入时间和精力，愿意快速学习。

第三步：聚焦课程设计与开发方向。主要工作是确认所开发课程的目标和收益、学员并给课程起一个响亮的名称。

第四步：内容开发。分析课程内容，用PPT梳理内容架构，开发主要内容。

（进行第一轮验证和迭代修改。主要验证课程内容的价值、完整性和新颖性。如果达到交付标准要求，结束课程设计与开发工作。）

第五步：学习体验设计。设定各模块的学习目标、教学方法和多媒体工具。

（进行第二轮验证和迭代修改。主要验证课程内容和学习体验的匹配。如果达到交付标准要求，就结束课程设计与开发工作。）

第六步：完善课程材料。主要工作是美化PPT、讲师手册、学员手册和学习效果迁移工具。

（进行第三轮验证和迭代修改。主要验证课程内容和学习体验的匹配。如果达到交付标准要求，结束课程设计与开发工作。）

想到这里，小安抑制不住内心的激动，恨不得立即把自己的想法付诸实施。他期待着明天跟王大师的交流，以验证他的想法是否正确。他隐隐感受到这个方向可能就是课程设计与开发的未来。他计划把这个课程设计与开发方法付诸实施。如果成功实施，他就打算将其形成一套方法论并且写成一本书进行传播。

这套方法论不仅要高效，而且要把课程设计与开发的技术讲明白，让每个人都能学会课程设计与开发，体会到课程设计与开发的独特魅力。

小安想，起个什么名称好呢？这套方法论与过往相比，最大的不同在于：一是更敏捷，二是由团队共同完成，需要进行课程的设计后再完成开发工作。

就叫作"AID敏捷课程设计与开发"吧！

04

不忘初心，方得始终：AID模型的诞生

　　随着移动互联网时代的到来，人们对传统课程设计与开发模型提出了新的挑战。例如，课程的更新与优化要快速，课程设计与开发流程要足够敏捷，等等。为了顺应时代的发展，AID模型由此诞生。AID模型是一种以原型迭代为基础、以团队协作为特征、以项目为导向的新一代课程设计与开发模型。其不是对传统课程设计与开发模型的颠覆，而是继承、演变与发展，是精简化的ADDIE模型。让我们跟随小安的脚步，一起看看小安是如何诠释和应用这个模型的。

到底什么是课程设计与开发

　　要想理解课程设计与开发，首先要理解什么是设计。设计是建立在分析与综合基础上的精心规划和预先制定。设计的特点是：

- 以目标为导向，确定目标是设计中的第一步，清楚明确的目标有助于保证目标的价值和参与者的正确理解。

- 提高成功的可能性，通过设计使一些可能的问题得到预先分析和解决。

- 节省时间和精力，一些价值不大的计划、方案在实施前就被淘汰，设计要选择的是达成目标的最佳方案或途径。

- 减少压力，精心的设计会使实施者得心应手，充满信心。

　　设计通常以问题的沟通为起点，以问题解决的计划或方案为终点。课程设计是一项独立于课程实施的工作，课程实施是课程设计的后续阶段。而开发意味着发展、形成，是一个不断改进的过程。课程开发讨论的是形成、实施、评价和改变课程的方式和方法，是一种确定课程、改进课程的活动。

当人们的意图是要识别一种存在实体（课程计划）的各种成分时，此时的工作便是课程设计。课程设计主要涉及的是课程的目标以及课程内容的选择和组织。当人们把注意力放在制订课程计划的人和运作程序上时，此时的工作便是课程开发。

开发，就是把设计好的课程内容和相关活动开发出来，以实现课程目标。课程开发的成果展现形式包括但不限于PPT、讲师手册、学员手册、考题、散发材料、教学工具、模板表单等。

综上所述，课程开发是确定课程、改进课程的活动与过程。课程设计是指课程的实质性结构、课程基本要素的性质，以及这些基本要素的组织形式或安排。这些基本要素一般包括目标、内容、学习活动和评价程序。

课程设计人员可能包括教育行政人员、政府聘请的专家学者、出版社的编辑人员、课程研究人员和教师等。需要注意的是，课程设计的假设、目的、规则、程序及参与人员等因素，可能因教育机构性质的不同而呈现出不同的情况和要求。课程设计并非一成不变。

从经典而来，为精巧而生，向 ADDIE 致敬

为了印证AID模型的科学性和可实施性，小安在接下来的一周里查阅了大量与课程设计与开发相关的文献资料。

小安发现，在一些发达国家中，课程设计与开发的重要性甚至大于讲师。然而，一门培训课程需要经过多年的打磨，以及无数次的改版才能成为精品。课程设计与开发本身是科学和艺术的结合，是一件非常困难的

工作，需要耗费大量的时间和精力。因此在课程设计与开发时，除了需要艺术性的创造和工匠精神，还需要运用科学的方法和流程对其进行精雕细刻。

然而，艺术性的方面是难以复制的，因此对课程设计与开发的科学性的研究几乎都集中在对课程设计与开发模型的研究上，以便把课程设计与开发的科学流程和方法沉淀下来。历史经验证明，课程设计与开发模型的优化可以极大地简化课程设计与开发过程，减少人力、物力的浪费，并且极大地提高课程设计与开发的效率。

1978年由迪克和克里夫妇推出的系统化开发模型成为该领域最经典的ISD系统化开发模型之一（见图4-1）。

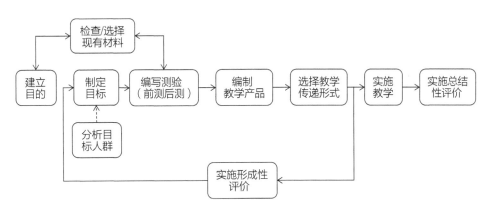

图4-1　迪克和克里夫妇推出的系统化开发模型

目前，在全球范围内，基于ADDIE模型的各种系统化开发模型的变体已经占据课程设计与开发方法的主流。由于几乎所有的系统化开发模型都包括分析、设计、开发、实施、评估这几个基本要素或步骤，因此ADDIE也称模型的模型。

移动互联网时代需要新的课程设计与开发模型

小安现在处于移动互联网时代，这个时代对课程设计与开发速度和效率提出了新的需求。我们以前使用的课程设计与开发模型ADDIE是一个非常专业的模型，是专门做课程设计与开发的人或者培训管理者才能理解的模型。但是现在大批做课程设计与开发的人是我们的兼职讲师，是我们的内部专家。对他们而言，ADDIE模型虽好，但是过于复杂，难以操作。

要想创造出自己的AID模型，就必须先理解ADDIE模型是如何实施的。于是，小安找到精通课程设计与开发的刘经理，希望能从他那里获取应用ADDIE模型开发课程的经验。刘经理听到小安的想法后说："正好我们团队在开发企业文化课程，用的正是ADDIE模型。你有没有兴趣参与进来，亲身感受一下？"小安听完激动地说："万分荣幸！"

刘经理带着小安来到企业文化课程设计与开发团队，让小安与成员之间做了简单的自我介绍，紧接着对小安介绍了一下本次项目的背景和计划："我们本次企业文化课程设计与开发的需求主要有以下几点：

"第一，企业文化能够起到凝聚人心、统一思想、保留人才的作用；

"第二，领导意图能够得到正确的理解及广泛的传播；

"第三，提炼经典故事和案例，树立行为榜样并总结和传播其中闪烁的精神和风貌；

"第四，在工作岗位中落实企业文化理念要求；

"第五，使新员工更快地融入公司；

"第六，提高公司的品牌价值、声誉和社会效益。

"我们参考ADDIE模型，将企业文化课程设计与开发大致分为六个步骤（见图4-2）。

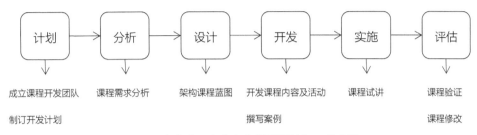

图4-2 小安公司企业文化课程设计与开发步骤

"目前已经完成了课程需求分析阶段，接下来需要各位通力合作设计和开发企业文化课程。这个过程可能会很艰难，不过我相信，我们一定能设计和开发出符合需求的高质量课程。"

"好！"大家都信心十足。

经历了魔鬼般的三个月，大家开发出了1.0版本的课程和配套工具。在这期间也出现了很多问题，例如，开发到一半时领导提出了新的需求，开发过程中大家都承担着其他繁重的工作任务，导致课程设计与开发效率不高，在实施阶段发现8小时的课程组织起来比较困难且实施效果不佳，等等。

经过这次项目，小安对ADDIE模型的理解深刻了很多。小安发现，使用ADDIE模型开发课程需要使用者具备较强的专业能力，所以让非培训专业的同事使用此模型开发课程。因为使用ADDIE模型去开发课程，需要使用者具有匠人精神，且对产品的交付质量要求非常高，不同公司会有不同的交付标准。在当下数字化信息变化速度如此之快的时代，这个标准显得过于严苛。有时效率比效果更重要。例如，使用ADDIE模型进行完整的课程设计与开发通常需要3~6个月的时间，但是从现在社会发展的速度来看，如果课程设计与开发的周期太长，开发出来的成果可能就已经过时了。

在这三个月的时间里，小安更加坚定了研发AID模型的决心，也更清楚该模型的使用定位，于是在笔记本上写下了"传统课程设计与开发模型转型需注意六点"（见副栏1），开始了AID模型的研发之路。

副栏1　传统课程设计与开发模型转型需注意六点[①]

第一，企业变革转型加速，长周期开发的课程无法很好地匹配企业动态需求。课程设计与开发的速度必须跟上企业的发展和变化，应需而变。

第二，由于学员工作繁忙，企业需要开发的大部分课程是2~4小时的迷你课程，以便日后的组织和实施。

第三，课程设计与开发必须紧密贴合业务，与业务部门捆绑在一起，甚至以业务部门的业务专家为主开发课程。

第四，培训部门必须提供简单易学的课程设计与开发方法，以便业务专家掌握和使用，尽量提供模板，简化不必要的表单、样稿。

第五，负责开发课程的业务专家大都承担着繁重的任务，在工作中完成课程设计与开发效果很差、周期过长，最好的方式是把他们集中起来，在学习课程设计与开发方法的同时就完成课程设计与开发的任务。

第六，负责开发课程的业务专家对高标准的交付成果有抵触心理，应当灵活调整交付标准，允许业务专家先开发出一个可以使用的毛坯产品后，再不断地对课程进行迭代升级。

---

① 崔连斌，胡丽.FDD：ADDIE 的敏捷进化方向 [J]. 培训，2015(10):4.

突破性的进展——AID 模型

作为敏捷开发的创始人之一，罗伯特·马丁（Robert Martin）曾这样定义敏捷技术：它是一套方法论和思维理念，敏捷代表着有效和灵活。我们称那些轻型、有效的方法为敏捷方法。在重型方法中，我们在一些不必要、重复的中间环节上浪费了太多的精力，而敏捷避免了这种浪费。

正当小安思考AID模型如何实现敏捷时，无意间看到了软件产品开发理念的敏捷模型（见图4-3），它让小安大受启发："原来这才是敏捷的思维模式！"于是，小安在笔记本上写下了"AID模型的八大要点"（见副栏2）。

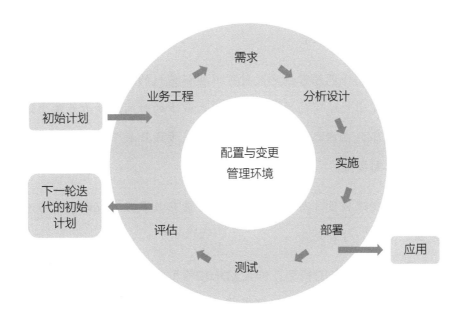

图4-3 软件产品开发理念的敏捷模型

副栏2 AID模型的八大要点

第一，敏捷开发的方法，是尽一切可能杜绝资源、时间和精力上的浪费。

第二，敏捷不是简单的快，而是短周期内的不断改进、提高和调整。

第三，敏捷不仅能快速开发、快速讲授，还能快速形成课程雏形、全员测试反馈并修改提高。

第四，敏捷并非一个课程版本只实现几个目标，而是突出重点并果断放弃当前的非重点目标。

第五，敏捷随时可以增加需求，而且在每个迭代周期都对需求进行细化和补充，即使到了开发的后期，也欢迎改变需求。

第六，敏捷鼓励尽可能早地提供课程的迭代版本，并尽可能早期调整，避免一开始贪大求全。

第七，敏捷强调经常性的交付可以验证迭代的课程成果，在一开始尽可能快地开发出最精简的原型，然后投入最少的时间和精力开发出体现核心价值的内容，在内容确定的基础上，进一步设计教学方法和完善课程资料，最终做到极致。

第八，在课程设计与开发团队内部，最具效果且富有效率的传递信息的方法，就是面对面交流。

于是，小安的AID模型在传统ADDIE模型的基础上，把所有需要业务专家知道并且听得懂的方法做了保留，不需要知道的内容全部做了剔除，目的是最大限度地降低课程设计与开发的难度和深度，在精力、时间和财力上减少不必要的浪费，并确保没有课程设计与开发经验的普通员工开发出精品课程。

AID模型的技术路径是：目标需求—小范围实验—反馈修改—产品迭代—获得核心认知—完善。要实施AID模型，必须具备以下前提：

（1）课程设计与开发的工作模式，需要由原来的个人开发转变为团队开发。

（2）课程设计与开发团队的主体是企业内部的业务专家（他们通常就是待开发课程的内部讲师），他们在一定程度上了解课程内容，有不同的角色分工，愿意投入时间和精力，愿意快速学习。

（3）由原来的咨询式开发模式，转变成团队共创的工作坊开发模式。

（4）在开发前要确定开发的课程主题。

（5）需要事先了解各个课程的学员和学员上级的需求。

（6）收集尽可能多的课程内容素材并带到课程设计与开发的工作坊现场。

（7）开展课程设计与开发协作会议。由公司领导解释课程设计与开发的意义，树立业务骨干和管理者开发课程的动机。随后由引导师引导课程设计与开发的方向、需求、需要收集的素材和交付成果的要求。

从 ADDIE 模型到 AID 模型

前后对比一下，从ADDIE模型到AID模型，小安到底做了哪些方面的改进？

先来看一下ADDIE模型本身的问题。该模型过去是专业复杂、交付标准高、周期长，转变成敏捷模式后，交付结果灵活，周期从三到六个月缩短为三到六天。这就是AID模型的亮点，它将ADDIE模型五个步骤中的内容部分前置，通过聚焦获取需求，然后进入业务专家最容易进入的角色，也就是业务专家最熟悉的内容开发阶段，之后是针对内容的架构设计和呈现。在内容具备新颖性、完整性且价值感凸显出来后，再进行后面的迭代验证环节。

AID模型是ADDIE模型的变体，即敏捷ADDIE。AID模型并不否定ADDIE模型中的开发要素，其核心思想是在保留ADDIE模型优点的同时，弥补课程设计与开发周期长、流程复杂难掌握，以及不能很好地适应互联网时代环境变化的缺陷。这两种开发模型的区别如表4-1所示。

表 4-1 从 A 到 A+：ADDIE 模型（A）和 AID 模型（A+）的比较

比较方面	ADDIE 模型（A 模型）	AID 模型（Agile ADDIE，即 A+ 模型）
专业度要求	高： 培训管理者或课程设计与开发专业人员使用的流程，不仅可以开发课程，还可以用作课程设计与开发项目管理的工具	低： 企业内部即使无课程设计与开发经验的业务骨干和专家，也能掌握
复杂度	复杂： 整个流程由 12 个及以上的子流程组成，需要分别在分析、设计、开发、实施/验证、评估等环节获得批准	简单： 整个流程由 4 个子流程组成，通过研讨验证，若达到课程设计与开发的标准，可在第三个子流程后随时终止课程设计与开发流程
交付标准	高： 高标准的讲师手册、学员手册、PPT、多媒体材料等	灵活： 可只交付 PPT 即可，灵活调整讲师手册、学员手册、PPT、多媒体材料等的交付周期
开发周期	长： 通常 1~2 天的标准课程需要 3~6 个月的开发周期。通常课程时长每增加一天，就需要增加 1~2 个月的开发周期	短： 通常 1~2 天的标准课程 3~6 天即可完成开发

通过与ADDIE模型的比较，AID模型有如下突出优点：

- 采用工作坊模式，边学习课程设计与开发方法，边产出课程，经济高效；

- 课程设计与开发的周期可以缩短到3~6天以内；

- 众筹课程设计与开发，主要由公司里的业务骨干和管理者开发课程，而不是专业培训人员，大大减轻了培训部门的压力；

- 课程设计与开发方法简单易学；

- 开发的是短小精悍的迷你课程，绝大多数课程都只有2~4小时的时长，日后方便组织实施；

- 对课程设计与开发交付成果更加灵活，允许迭代模式，一开始课程交付只需课程大纲、PPT和简单的授课说明即可。对于学员反馈好的课程，未来可以补充讲师手册等各种详细资料。

ADDIE模型尽管面临挑战，但并没有消失，它只是在不断地完善、迭代、进化。ADDIE模型进化的方向是AID模型，变换的不是内容，而是适用人群以及我们开发的模型。这样的进化使得ADDIE模型更具包容性，更经得起时间的考验。

企业如何选择合适的课程设计与开发模型

企业在实践中，应该如何选择合适的课程设计与开发模型？

小安分析了目前企业课程设计与开发的需求，将其分为三类：第一类是企业萃取沉淀核心竞争力或组织人才的体系化培养而产生的课程需求；

第二类是配合企业新业务或普遍性业务知识快速覆盖而产生的课程需求；第三类是以工作任务中的具体问题为导向而产生的课程需求。这三类课程需求各有特点，企业需要根据企业所需采取不同的课程设计与开发模型。

针对第一类课程设计与开发需求，培训课程的产出是企业实践经验萃取的过程，是企业独有的业务方法论，具有普适性，因此必经严格打磨，多方业务专家把控，其内容必须具有指导意义，且不因地域或其他因素变化而需要较大调整。此类课程体系往往较强，授课方式以混合式为主。所以它的开发就需要采用系统性强、严密度高的ADDIE模型，通过培训项目管理，以及对五个要素各步骤的细致梳理，层层递进，输出课程。

第二类课程设计与开发需求，最大特点是短平快，课程内容单向传递加适量互动即可满足需求。知识点相对零散，不成体系。可通过电子课程的形式进行授课。针对此类课程的开发，SAM（连续近似）模型就非常适合。课程设计与开发对象就是单一知识点，在课程设计与开发之前就让未来学员加入，以便各阶段的迭代以及最终的解决方案更符合学员期望。

第三类课程设计与开发需求的特点与第二类相似，也要求课程设计与开发短平快，但基于以解决问题为导向而进行的能力提高培训，能力习得非单向传递可以解决，需要经讲师现场辅导、个人练习、讲师再次纠偏并结合课堂交流等综合训练才可完成。所以培训形式以问题为导向的30~120分钟的面授课程为主，因此采用AID模型更为合适。

从上面三类课程比例看，大型精品培训课程，每年3~4个，小微在线课程比例和难度不会很大，企业目前的课程设计与开发集中在随着业务发展出现的问题解决性课程设计与开发任务。因此未来AID模型将成为企业的刚需。

AID 模型中的互联网思维

在企业培训中，"做什么""谁来做""怎么做"这三个问题是无法回避的，而小安开发出来的AID模型正好可以解答这些问题。它的技术精髓，可以简单概括为七个关键词：定位、细化、落地、聚敛、权衡、吸睛、高效。这七个词，和互联网思维中典型的"快、专注、极致、口碑"有着异曲同工之妙。

定位最重要的是看清方向。例如，课程体系的搭建必须和绩效提高相关。学员的选择，要根据人物画像和期望值，以及学员对该课程的知识、态度、能力和技能，分为初级、中级和高级学员，做到有的放矢，按需定制。

培训的结果往往要求细化。因为如果你无法描述一个结果，你就无法优化它。例如，是希望学员掌握某项知识，还是运用知识独立完成工作。前者是"理解"，后者是"应用"，两者之间有着巨大差别。所以培训结果细化需要加入可衡量的描述。

落地是指尽量减少对非必要因素的依赖，对学员和讲师都可以做到即学即用。一门完整的课程，除了PPT（含课程目标等），还有学员手册（用于练习和笔记）、讲师手册（含模块目标和话术），以及效果迁移工具（测试题目和应用的工具等）。

聚敛是指通过不断发散进行头脑风暴，得出众多结果后，再经过删除重复项、合并同类项，获得合理答案。好的创意和新的方向，往往是在无序中获取、在有序中验证的。

权衡是指面临多种选择时的取舍，哪怕是聚敛后的内容，也可以根据频率、重要性和难度等维度共同商讨、打分和比较，这样既拥有全部的工作列表，又能从中找到优先事项。有标准的选择不代表需要放弃某些内容，而是为了更好地聚焦和达成首要目标。

吸睛是指要引起关注并使人印象深刻。精彩的开场打动学员，恰当的教学方式演绎核心内容，吸引学员参与，意犹未尽的结尾让学员难忘，迁移工具又让学员非常有成就感并受到鼓舞，这样的课程才能成为效果持久的精品课程。

高效是指在课程设计与开发从无到有和从有到优的过程中，删除一切不重要的相关流程，用最优路径+最快速度+即做即得的方式，带领并非擅长培训领域的业务人员得到结果。

这就是AID模型的独特之处，它完美地解决了"做什么""谁来做""怎么做"这三个企业培训的核心痛点，又蕴含着互联网思维的即时、兼得和跨界的魅力。

05

静若处子，动如脱兔：AID模型

经过一段时间的打磨，小安终于完成了AID模型。为了便于他人理解，小安将敏捷课程设计与开发类比为烹饪：一门好的课程就像一道好的菜肴，必须符合色香味美的特点。要做到色香味美，必须把握好以下关键环节：

（1）要聚焦客户（学员及企业）的需求。烹饪前需要了解一下客户的基本情况，以做到随需而变，提高客户的满意度。

（2）要有好的内容及架构。好的菜肴的选料特别有讲究，而且有一定的搭配顺序。课程的内容选择，既要符合一定的逻辑关系，又要在搭配时使内容聚焦、难度适宜。

（3）要采用最合适的教学方法。烹饪中有煎炒烹炸等多种处理方式，需要根据不同的食材选用不一样的方式。教学方法也有九大类，可以根据不同的教学内容选择最合适的教学方法。

（4）教学材料呈现要完整漂亮。当菜肴上桌的时候，我们第一眼看到的是菜的色泽，好看才会吸引大家争相品尝，就像PPT做得漂亮，也能更好地吸引学员的注意，提高课程视觉上的美感。

AID模型正符合以上特点，共有四个环节（见图5-1）。

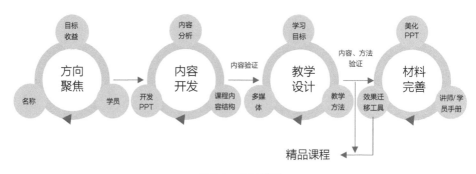

图5-1　AID模型

如何使用AID模型？其实，每个人都可以熟练掌握这个模型，而这背后恰恰体现的是该模型的深刻内涵：既简单、有效、快速，又能批量产出高质量的精品课程。AID模型尽可能保留了课程设计与开发的高质量环节，去除了那些晦涩难懂、对课程质量影响不大的环节，力争做到既简洁，又有效。接下来我们描述AID模型操作过程的全貌。

第一环节：方向聚焦

AID模型的第一个环节是方向聚焦。就好比烹饪前了解食客情况，迎合食客口味一样，在课程开发的一开始就需要对课程的需求做充分调研，了解学员的背景与需求，为课程的开发指明方向。在这个环节主要完成以下三个任务。

一、针对学员分析的换位思考

在敏捷课程设计与开发中，为了更快速，我们对制订课程设计与开发计划环节进行了删减。因为敏捷课程设计与开发采用工作坊模式，开发进度基本上是可控的，所以不需要制订复杂的计划，这就节省了很多项目管理的时间，有效提高了课程设计与开发的效率。此外，不同于传统课程设计与开发模式，敏捷课程设计与开发首先要了解学员，然后再开展需求调研，而不是一开始就做需求调研，因为这样的逻辑顺序更容易让业务专家理解。

接下来，我们思考一个问题：为什么需要分析目标学员？很多人可能认为这样做是为了因材施教，其实举个例子就很好理解了。

小安一直没有找到女朋友，家人又催婚多次。年前，小安终于如愿以偿带女朋友回家过年，并且计划结婚。对于小安即将结婚这件事情，你觉得小安的父母最关心的是什么？小安陪女朋友去未来岳父母家，你觉得未来岳父母最关心的是什么？小安把即将结婚的消息告诉了自己的哥们儿，你觉得他们最关心的是什么？小安女朋友把即将结婚的消息告诉了自己的领导，你觉得她的领导最关心的是什么？

我们会发现，面对同样一件事情，不同的人关心的维度和内容是不一样的。小安的父母可能很在意小安女朋友是否孝顺，小安女朋友的家庭背景如何。小安的未来岳父母可能关心小安的家庭背景、收入情况、是否有房有车等。小安的哥们儿可能关注小安女朋友长得是否漂亮。小安女朋友的领导关心的是小安女朋友什么时候结婚，什么时候请婚假，请婚假的时候她的工作谁来做等问题。所以，针对同一个课程主题，不同人的关注点可能有很大差异。

此外，针对学员的分析会为课程的版本划分、难易程度和教学方法提供良好的依据。这些分析可以包括对学员的岗位/职务、人数、年龄、学历和学习偏好（包括习惯的授课时间、授课时长、授课场地、授课形式等因素）等的分析。

二、设定课程的目标和收益

这一步是敏捷课程设计与开发的核心步骤之一。有了精准和完整的课程目标和收益，就能对课程设计与开发的方向提供明确的指引。

小安在以前的课程设计与开发工作中发现，传统课程设计与开发模型（ADDIE）有一个很重要的问题：分析（A）部分确实非常重要，但该部分的工作既耗时又耗力，最终的分析报告中对课程设计与开发真正有指导意义的部分，只有课程的目标和收益。所以，小安经常问自己："只要搞清楚课程的目标和收益，为什么不能用更加简捷有效的方法？"如果能把这个部分的有效工作压缩在2小时内做完，就完美了。

这一步也体现了AID模型的敏捷之处。通过对课程目标和收益的分析，业务专家发现完全有办法替代旷日持久、烦琐的需求分析工作。我们的经验表明，这一步可以在1~2小时内完成，其产出的成果完全可以替代传统课程设计与开发中需要1~2周才能完成的需求调研环节。

三、起一个吸引眼球的课程名称

"起一个吸引眼球的课程名称"真的那么重要吗？刚开始小安对课程名称几乎不以为意。因为按照敏捷的思维，要尽可能把不必要的步骤、多余无效的行为去除，仅保留对产出成果和质量有价值的步骤和环节。但后来他的想法逐渐发生了变化。

不得不承认，这是一个非常中国化的步骤。在经典课程设计与开发模型中，几乎不会把这一步单列出来。但是通过多年的课程设计与开发，小安发现学员非常在意课程的名称。一个吸引眼球的课程名称能够更好地体现课程是精品课程，既便于对课程宣传、推广的包装设计，也便于后期的招生，甚至精品课程的评选。面对这样的事实，小安认为这是一个经常被经典理论忽略却不可或缺的步骤。

第二环节：内容开发

内容开发是AID模型中最重要的一环。此环节就相当于一份好的菜肴中的食材和搭配方案。

在确定完课程主题、学员、目标收益和课程名称后，方向就基本明确了，接下来进入课程的内容开发。内容的梳理首先要考虑工作中会用到哪些知识和技能，需要改变什么理念，然后再把内容按照科学的逻辑梳理成学员能够听懂的课程结构。

小安曾经尝试把学习内容梳理的五种方法（如工作任务分析法、关键事件分析法、主题分析法、信息加工法、层级分析法）教授给业务专家去萃取组织经验。但上课时小安发现，业务专家听得一头雾水，根本不知道为啥要学这些方法以及这些方法怎么用。于是，小安做了一个调整：他先请学员根据课程主题和课程目标，参考学员的特点，逐项罗列这门课程应该包含哪些模块内容。在业务专家尝试梳理课程内容并试错后，再介绍这五种方法。后来发现这样效果反而更好。

这个环节的主要产出是课程大纲。业务专家可以采用顺时针、一人讲述一条的方法得到结果，确保内容穷尽且彼此相互独立。然后针对这些内容进行归类和排序，可以参考任务实施的流程顺序、重要顺序、演绎顺序等，确保课程一级大纲符合一定的逻辑顺序，并且尽量控制在六个模块以内。

在一级大纲的基础上再往下延伸，撰写二级大纲和三级大纲。一门课程的大纲就像一棵树，有根（主题）、树干（一级大纲）、树枝（二级大纲）、树叶（三级大纲）。

课程大纲请参考表5-1的示例。

表 5-1 "如何提出合理化建议"课程大纲

模块		单元	主要内容
一	什么是合理化建议	合理化建议的含义	介绍界定是不是合理化建议的四个判断七个要素，同时结合实际案例介绍哪些类型的问题不会被界定为合理化建议
		合理化建议的背景	介绍合理化建议与企业文化及核心价值行动的承接关系
		合理化建议的作用/意义	介绍合理化建议对员工个人所能起到的作用，同时体现公司对合理化建议工作的重视程度

续表

模块	单元	主要内容
二	某公司合理化建议运作机制	合理化建议的认定标准	通过业绩、实施计划、结果评估、三大维度对合理化建议进行分级，即形成A、B、C三级，分别在部门内部、集团内部、集团之间进行解决
		合理化建议的流程图/权责分工	介绍建议提出后如何进行筛选、评审、落地、评估及激励，同时介绍各相关部门在其中所进行的具体操作环节
三	如何提出一个高质量的合理化建议	建议从何而来	在立足本职工作的基础上，通过对以往工作的总结与回顾，对现有工作的创新思路，借鉴他山之石，利用自身的经验或组织的力量，在群策群力的氛围下，以客户满意为第一要素，不断尝试、总结、提炼、升华，产出合理化建议
		建议形成要素	介绍五问原则：从问题识别开始，通过系统性思考，最终形成实施方案；客户原则：以客户需求为抓手，寻求解决方案；效益原则：区分不同的建议类别最终可能取得的收益
		措施的可操作性	从投入产出、组织能力、机制和文化几个层面，研判措施的可实施性
		优秀建议的要素	从介绍优秀建议的几个要素，引出一个好的建议落地是需要系统性支持的
		让建议有效的技巧	承接上一部分，通过了解优秀建议的要素和支持因素，以及一些技巧来使建议更具落地性
四	合理化建议落地执行保障	合理化建议的评审与落地原则	分析合理化建议常规未被实施的原因
			介绍合理化建议评审与落地的"快审快办"原则
			提出合理化建议落地的四个落地举措
五	合理化建议奖励办法	合理化建议的奖励意义、奖励机制、奖励内容	介绍合理化建议对提报或实施的个人/组织的名利的作用与意义
			介绍合理化建议的具体名利的奖励内容

完成此环节后需要进行研讨验证，确保课程在内容逻辑上是符合学员的工作实际和学习习惯的，并且与课程目标和收益形成强逻辑关系。

第三环节：教学设计

AID模型的第三环节是教学设计。有了食材和搭配方案后就要选择适合的烹饪方法，课程设计与开发需要对教学内容设计合适的教学方法，否则开发出来的课程内容将枯燥无味。

这个环节包括设定各模块的学习目标、教学方法和运用多媒体工具三个步骤。通过这个过程，小安期望通过教学方法和多媒体工具发挥杠杆效应，让课程内容能够更好地达成学习目标，增加学习体验。

一、设定每个模块的学习目标

你可能会奇怪，之前不是已经写过课程目标了吗？这两个目标是不同的，它们之间是包含关系和支撑关系。课程目标相对比较宏观，颗粒度比较粗，主要为课程设计与开发定总体方向。现在设定的是课程每个模块的学习目标，各个模块的学习目标集合起来能够有效地支撑课程目标的达成。通过设定每个模块的学习目标，可以检核每个模块对达成课程目标所起的作用和效力，也可以通过每个模块的学习目标更好地分析每个模块细节部分需要调整和优化的内容。

二、选择合适的教学方法和多媒体

烹饪的调料不只有盐，还有花椒、大料、生抽、料酒、姜、葱、蒜等。同样道理，在教学方法里不只有讲授，还有小组讨论、案例、角色扮演、游戏等。选择什么样的教学方法，一要看课程内容，二要看学习目标，要根据课程内容的特点和学习目标选择最适合的教学方法。

相关文献记录，培训中可以用到的教学方法有上百种。从众多方法中，小安精心挑选了9种常见的教学方法。经过验证小安发现，业务专家在开发课程时只要用好这9种教学方法，就能使课程有趣且有效。此外，为了便于业务专家在不了解成人学习原理的情况下选择恰当的教学方法，小安特地设计了一套完整的教学设计卡，把教学方法和教学目标直接对应起来，这样既降低了选择的难度，也示范了教学方法的操作。小安还设计了6种常见的开场、结尾模型，通过这些模型可以对开场和结尾进行强化，从而给学员留下深刻印象。

多媒体的选择和使用能够提高课程的生动性和趣味性。常用的多媒体包括视频、音频和图片等。多媒体不仅能够更好地传达信息，而且能够促进情感的提升，此外，还能有效降低讲师的劳动强度，保护讲师的嗓子和体能，可谓一举三得。

第四环节：材料完善

第四环节是材料完善。一道色香味美的菜肴做好后，再通过精致的摆盘，能够让人一看到就垂涎欲滴。对课程设计与开发来讲，一个好看的PPT和齐全的配套材料同样也能让学员产生更强烈的学习欲望。这个环节的主要工作是美化PPT，编写讲师手册和学员手册，设计学习效果迁移方式。

一、美化PPT

在使用AID模型时特别强调，在没有确认课程内容和教学方法之前不要美化PPT。美化PPT对于优秀课程而言是锦上添花，能够让课程赏心悦目。但是，小安发现，对许多业务专家来说，美化PPT是一件性价比不高的工作，尤其是对管理层级比较高的业务专家。小安探索了很多方法来简化这个步骤。本书将在后面的章节里详细介绍小安找到的一些方法。

二、编写讲师手册和学员手册

"做完PPT，课程设计与开发不就完成了吗？为啥还要做讲师手册和学员手册？学员手册不就是PPT打印版吗？"这些是小安经常听到的业务专家的疑问。因为小安知道，课程设计与开发不等于写PPT，完成PPT，这时离完成课程设计与开发还有很长的一段路。

这两个部分看似烦琐，却是课程设计与开发产出成果里比PPT还要重要的部分。讲师手册包括课程的底层逻辑、最佳知识、经验萃取和教学过程的详尽说明，确保课程设计与开发出来后其他讲师也可以讲授。在西方国家，讲师手册甚至被看作每个精品课程的核心机密。学员手册用来确保学员学得更透彻。所以，全球知名的版权课程都有高质量的讲师手册和学员手册。

在传统课程设计与开发中，讲师手册的要求非常严格，必须像拍电影一样把课程的教学过程事无巨细地描述清楚，通常按照三栏模式写成授课脚本（见表5-2）。

表 5-2 授课脚本样例

时间	主题	讲述内容	材料
1 分钟	欢迎	真诚地感谢学员参训	
20 分钟	介绍 • 介绍你自己以及这门课程的主题 • 解释课程价值 • 建立学员的自信心	价值分析 关键点： • 定义 • 例子	幻灯片：第1 页

续表

时间	主题	讲述内容	材料
1分钟	欢迎	真诚地感谢学员参训	
20分钟	转折：练习	学员可能的反应：可能对主题没有兴趣 告诉学员他们将从一个很简单的练习开始这门课的学习 要点： • 要求学员翻到学员手册的第2页，开始练习1 • 答案在讲师手册附件的第14页	学员手册：第2页
	转折：讨论不同的词汇如何表达不同的意思	主题： • 我们通常使用"价值"这个词来描述某个业务线的贡献。但如何解释"价值"？ 步骤： • 要求学员介绍他们自己并描述当他们听到"价值"这个词时的第一反应。 • 将评论记录在翻页板上。 • 保留这些评论以便接下来讨论	学员手册：第3页

　　尽管讲师手册和学员手册是必需的，但是讲师手册按照授课脚本来写，一定会让业务专家感到有压力，不愿意配合课程设计与开发工作的完成。有些讲师甚至认为这样做可能会"教会徒弟，饿死师傅"，而且不符合敏捷、高效的原则。在这种情况下，小安降低了讲师手册和学员手册成

果的交付标准。此外，小安还设计了更加容易填写和制作的讲师手册、学员手册模板，以便业务专家在很短的时间内就完成讲师手册和学员手册的制作。这个部分将在后面的章节中详细介绍。

三、设计学习效果迁移方式

学习效果迁移方式包括做考题、做课后作业、提交课后行动计划等。敏捷课程设计与开发尽管过程敏捷，但确保课程品质的环节没有做压缩和删减。这些方式可以用来检验学习成果，强化课程对绩效的帮助和改进。

AID 模型遵循的原则

对AID模型来说，经典的原则仍然是适用的。在这些原则中，比较权威的是布鲁纳的教学四原则。布鲁纳（Jerome Bruner）是美国心理学家和教育家，结构主义教育流派的代表人物之一。布鲁纳于1937年毕业于杜克大学，1941年获得哈佛大学心理学博士学位，第二次世界大战时在情报部队进行心理战术研究和宣传，以及公共舆论的分析工作，战后回到哈佛大学任教，并从事人的感知觉研究，1952年任哈佛大学教授，1956年访问欧洲时认识了发生认识论研究中心主任皮亚杰（J. Piaget）。1960年，他与心理学家米勒（G. Miller）一起创办了哈佛大学认知研究中心，并担任主任直到1972年。1972—1978年，他担任英国牛津大学心理学教授，1978年退休回美国，主要著作有《教育过程》（1960）、《论认知》、《教学论探讨》（1966）、《教育适合性》等。[1]

布鲁纳提出了四条目前仍然适用的教学原则。[2]

---

[1]　黄静洁 . 心理学家、教育学家布鲁纳 [J]. 现代外国哲学社会科学文摘 ,1986(4):58-61.

[2]　布鲁纳的教学论 [J]. 宁夏教育 ,1990(Z2):52.

（1）动机原则。学习取决于学员对学习的准备状态和心理倾向。

具体表现为：重视已有经验在学习中的作用，认为学员总是在已有经验的基础上对输入的新信息进行组织和重新组织；重视学习的内在动机与发展学员的思维，认为学习的最好动机是对所学材料本身的兴趣，不宜过分重视奖励、竞争之类的外在刺激。

教学应当根据探索活动的三方面形成和培养学员的内部动机，使学习和问题解决的活动积极主动地进行。探索活动的三方面是：好奇心的激发，要求讲师能够充分挖掘学员教材的内在魅力，设计形象生动的培训场景，点燃学员的求知欲；好奇心的维持，让学员在探索活动中有所发现，有所收获，体验成功；好奇心的指向，必须指向一定的目标。

好奇心指向取决于两个条件：一是学员对所要求的目标的认识程度，认识得越清楚、越深刻，就越容易指向它；二是学员达到目标所需要的知识水平是否比已有的知识水平高，也就是要考虑到学员的"最近发展区"。

（2）结构原则。选择适当的知识结构，并选择适合学员认知结构的方式，才能促进学习。

任何学科知识都是具有结构的，反映了事物之间的联系或规律性。掌握事物的结构，就是以使许多别的东西与它有意义的联系起来的方式去理解它，学习知识结构就是学习事物是怎样相互关联的。不论我们选择讲授什么学科，务必使学员理解（掌握）各门学科的基本结构，这是运用知识方面的最低要求。基本结构应包括该学科的结构、学习态度和方法等。

（3）序列原则。按最佳程序呈现教学内容，教材的序列直接影响着学员掌握知识的熟悉程度。

序列是指学员在某一知识领域所遇到的材料的程序，它直接影响着学员掌握这一知识体系的熟练程度，对培训的指导意义在于，讲师要设计合理有效的培训课程，合理安排培训内容的次序，保证学员对培训内容的吸收，从而确保良好的培训效果。

决定最理想序列的多种因素是：学员的学习能力、学员处理信息的局限性、学员探索活动的特点、组织教材和进行教学时需要参考的内容、学员以往的学习情况、认知发展水平和学员之间的个性差异。以经济原则来安排教学顺序，让学员构建整体性和层次性的知识结构，根据探索活动的特点（从已知到未知，从具体到抽象，从低级到高级等）来编制教学程序，以便使即将学习的材料适用于学员学习。

（4）反馈原则。反馈原则又称强化原则，即要让学员适时知道自己的学习成果，是教学过程中必不可少的一种积极评价。

讲师通过提供有关的教学信息，了解教学效果，发现问题，进行矫正。在培训实施的最后阶段，必须注意及时反馈的目的。目的是及时纠错，防止学员对错误知识先入为主和积重难返；及时听取学员的意见，了解学员的情绪；从学员的反馈信息中吸取经验教训，及时对原有教学内容进行再认识、再提炼、再加工，从而不断激发创新性，发挥最佳的教学效果。

良好的课程设计应该符合以下几个特色：教学内容足以完成目标；妥善运用各种教学方法；时间配置符合实际；格式容易阅读；根据教案，使用者能依次执行所有教学动作，并了解注意事项。

AID 模型交付成果五线谱

AID模型的交付成果是精品课程包。每个精品课程都需要综合考虑未来讲师如何有条不紊地授课，并在整个课程的实施过程中对讲师进行指导。因此，课程设计与开发的交付成果要像乐章一样，拥有五线谱。这个五线谱不仅需要有机地融合整个课程的方法、技巧、要素、思路、线索等，也需要考虑课程主题、受众、个人风格等因素的相互影响。因此，五线谱包括：①

（1）时间线。培训课程的时间推进线索，标注的是某一片段课程内容的时间段。相关技巧如下：

- 准时开始。考察讲师是否严谨，计划什么时间开始，原则上应当做到分秒不差，准时开课。

- 准时结束。考察讲师是否严谨以及能否娴熟运筹时间。作为职业讲师，每一阶段课程结束的误差应该在5分钟以内。

- 合理分配时间。时间分配应该根据培训内容和形式灵活处理。学员疲劳时常出现的动作有：摇头、短暂闭眼、揉鼻子或鼻梁、挠头、摘下眼镜、频繁喝水、腿抖动、打哈欠、伸懒腰、局部小按摩、手下垂并晃动、与同桌浅聊两句、凝视一点不动、无目的地翻阅资料、频繁看表等。

学员疲劳的规律是，课程开始时，学员的投入最初呈现上升趋势；随后由于对课程内容的厌倦等因素的影响，学员的兴趣以及注意力逐渐下降；课程临近结束时，课堂气氛有所活跃，对下课的盼望会抵消一部分疲

---

① 季华，蔡瑞林. 五线谱在课程设计中的实践 [J]. 消费导刊 ,2009(12):172.

劳。安排休息的技巧是，安排适当的中途休息时间。中途休息为知识的消化提供了时间，因此要投入更多精力合理安排课间休息，合理进行讨论话题的切换。

（2）内容线。以课程内容的导入顺序为线索，标注每个时间段的培训主题和内容。

在内容线的设计和把握方面，对培训内容的裁减是最关键的环节。对培训内容以灵活组合的板块方式进行编排，有利于讲师自由发挥和把握。提炼每一内容板块的主题，将其按合理顺序形成培训的内容线。

（3）方法线。在培训过程中导入内容的方法或手段，并按照培训的时间顺序贯串的线索集合。

方法线的技巧是要以体验和行动为中心。同时不可孤立或僵化地理解为每一个阶段就采取唯一的培训方法。在同一个时间段内不同的培训方法可以被交替甚至同时使用。一定要注意避免过度活动的误区：作为讲师，过度强调互动是一种不自信、不负责的表现；很多讲师对互动的过度强调则使判断标准片面、错位。

（4）情绪线。反映的是学员的情绪状态，是学员随着课程演进的情绪反应曲线。

使用情绪线的技巧是，能否调动和控制学员的情绪状态不一定完全在于培训讲师和学员的临场表现。一门出色的培训课程，能预先将学员在每阶段的情绪反应设计出来。如果在设计过程中，不能预见到哪里会出现掌声、哪里能产生共鸣、哪里能产生反思，就意味着这注定不是一门精彩的课程。

（5）辅助线。在每个阶段的培训所需的各种培训设施、设备和道具。

事前设计与准备课程所需的各类设施和物资，体现的不仅是培训讲师的严谨作风，更是培训顺利进行的有力保障。相应的技巧是：在桌面上贴上培训脉络图，以便学员随时了解培训进程以及该如何去学习；对现场刚发生的小事件，培训讲师不应忽视，因为这是即兴发挥不可多得的素材与灵感；用图片来传达培训现场的纪律，会使学员更容易接受；设计PPT时，每一章文稿的背景色过渡要柔和，除了有特殊需要时（强调、震撼、升华、吸引）可采用背景色明显变化的效果（如黑与白、冷色与暖色）；写板书时，对于已经重复书写三次的词语或概念，可以采用心灵绘图法将意义"画"在白板上，这样既能强调又能吸引注意力。

小结

AID模型是小安经过大量实践研发出来的，通过以上四大环节，并遵循相关原则，能够快速、高质量地批量产出精品课程。此外，AID模型极大地降低了课程设计与开发的难度，而且通俗易懂，无论有没有讲师的经验和背景，都能迅速上手。

接下来的章节将详细介绍AID模型。这些章节将涵盖从一开始的准备，到最后精品课程的验证和修改的完整开发过程。通过这些介绍，小安相信，人人都能成为好的课程开发师和讲师，企业也能以更少的成本更快地获得培训所急需的课程，迅速建立内部的讲师队伍。

06

有备而来，成竹在胸：敏捷课程设计与开发的准备工作敏捷课程设计与开发的最佳模式是工作坊模式，以团队共创的形式封闭开发，在相对集中的时间内集思广益、团队协作，从而高效率地产出实用的培训课程。

为此，在课程设计与开发前做好充分的准备工作尤为重要，能让课程设计与开发工作顺利开展，达到事半功倍的效果。具体来说，在课程设计与开发前需要明确课程主题、组建课程设计与开发团队、开展需求调研和收集素材。

明确课程主题

小安研发出AID模型之后，迫不及待要在公司里实践一下，所以回到公司后兴奋地和刘经理分享他的想法："我觉得AID模型实在是太棒了，我打算在下周就召开一场课程设计与开发工作坊，邀请业务线的各位专家来参加。我相信很快就会有一套全新的精品课程！"

刘经理听完后，一边擦着他新买的茶壶，一边不慌不忙地问："下周就开始了？"

"是的！我已经迫不及待了，我觉得没问题！"小安非常自信。

"是先选课程主题，还是先选专家？需要开发哪些课程主题？为什么要选择这些课程主题？是个人开发，还是团队开发？学员想要什么样的培训？这些问题你都想好了吗？"刘经理的一连串灵魂拷问直接把小安给问住了，他看着说不出话的小安继续说道，"没关系，不用太紧张，我刚刚不是质问你，而是在提醒你，所有业务专家都很忙，时间非常宝贵，因此我们大费周章地召开一场课程设计与开发工作坊时一定要做好充足的准备。"

小安连连点头，一边拿出笔记本，一边问："刘经理说得是。请您给些建议，让我准备得更周全。"

刘经理放下了手中的茶壶，认真了起来："首先要明确课程主题，这是课程设计与开发的前提。课程主题是否精准、科学，对后续课程设计与开发的进度和质量将产生重要影响。从课程数量来看，为保证课程设计与开发进度和质量，一场工作坊能开发4~6门课程；从课程时长来看，所开发的企业内部课程时长大部分是2~4小时，个别情况下会开发1~2天的课程。在选择课程主题时，应遵循以下原则：

"受众面广。考虑到经济性的因素，企业开发的课程受众面要广，这样产生的价值才能最大化。假如针对某个只有数个学员的岗位开发课程，显然投入和收益难以成正比。这种情况应尽量采用经验分享、案例研讨等更为快捷、灵活的方式来代替培训课程。

"符合业务需要。开发课程的最终目的是，帮助学员提高某方面的能力或解决实际的业务问题，因此在选择课程主题时就要考虑哪些是当前业务部门最关心、急需的，哪些是对业绩达成至关重要的。

"粗细程度适中。要尽量避免课程主题太过于宽泛，否则会导致课程不聚焦、内容不深入等问题，增加课程设计与开发的难度，因此可以基于学员的某项能力或职责来选择课程主题。

"我给你发一份资料，是关于如何确定课程设计与开发主题的。"说完，刘经理给小安分享了一份PPT，里面包含了三种确定课程设计与开发主题的方法。

一、岗位任务分析法（见图6-1）

围绕某个岗位的职责去确定主题，即把这个岗位的职责拆分成各项任务，将每项任务拆解出若干子任务，每个职责就是一个独立的课程主题，课程主题与课程主题之间还有难度递进的关系，最终形成这个岗位序列的学习地图。这种方法梳理出的课程主题边界清晰、顺序流畅、不会重复，而且课程逻辑性很强，跟工作岗位是高度相关的，适用于开发知识类、操作类、技能训练类的课程主题。

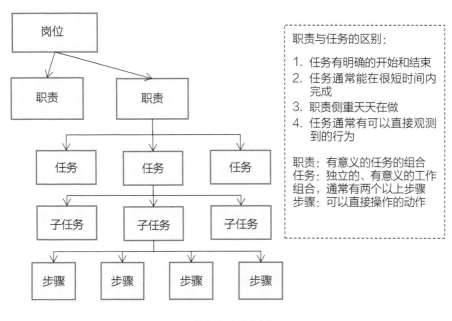

图6-1 岗位任务分析法

例如，大堂经理的职责有参加晨会、迎接第一批客户、分流客户、维持大堂秩序与环境、潜在客户营销、客户关系维护等六项，每项职责就是一个课程主题，可以围绕主题再进行一级大纲的撰写。

二、关键事件法

针对同一岗位上的多种典型场景进行梳理。例如，大堂经理在处理客户投诉时有多种方式，我们需要按照重要性进行排序，进而选出一些关键事件，以形成课程设计与开发的主题。

三、主题分析法

通常应用于一些文化、党建等主题，内容之间没有流程关系，只是从不同的维度进行描述，形成一个序列的课程主题。很多纪录片经常采用这样的格式，如文化中国、美食中国、历史中国等。

组建课程设计与开发团队

"我明白如何确定课程主题了。那么，是个人开发课程好，还是团队开发好呢？"小安继续向刘经理提问。

刘经理继续分享："相对于个人开发，我更建议团队开发，主要有以下原因：

"第一，课程设计与开发是一项复杂的脑力劳动，需要把零散的知识、经验、案例、工具等信息重新排列、组合，形成结构化的内容体系，并以合适的教学策略传递给学员。在这个过程中，团队成员需要通过研讨，不断激发出新的创意和想法。

"第二，团队的分工和协作可以提高课程设计与开发的效率。在开发课程的过程中，团队成员有明确的角色分工，可多项工作同时进行，并且通过彼此紧密的协作有效提高课程设计与开发的效率，确保在短时间内完成课程设计与开发的任务。

"第三，开发课程的过程中彼此监督、鼓励。由于在课程设计与开发的过程中可能碰到各种困难或障碍，因此团队成员之间需要相互鼓励和支持。"

"那么，课程设计与开发团队该如何构成？"小安追问。

"一般来说，课程设计与开发团队由2~4人组成，主体人群是岗位上的业务专家或明星员工。另外，也可以请1~2位上级领导参与。每个课程设计与开发团队分别承担一个课程主题的开发任务。在这个团队中，应该包含以下几个角色：

"第一，项目经理。这是团队中最重要的角色，项目经理要为整个课程设计与开发项目的进度和质量负责。

"第二，内容专家。负责分享自己的最佳实践、操作方法、宝贵经验，这些信息是课程内容的直接来源，也就是学员常说的干货。

"第三，内容开发师。负责将内容专家提供的信息进行整理、编辑，并且转化成结构清晰、层次分明的课程内容。

"第四，教学设计师。负责基于课程内容，设计相应的教学方法或活动，让课程内容生动、有效地传递给学员，便于学员接受和理解。

"第五，讲师。也就是未来要讲授这门课程的老师。讲师参与课程设计与开发本身就是最好的备课方式，从而在授课时就会更加熟悉课程的逻辑、重点、难点和教学方式。

"需要说明的是，以上所描述的是团队中的五个角色，而不是五个成员，在实际操作过程中，可能存在一人身兼多职的情况。"刘经理的分享解决了小安的疑虑，让小安心生崇拜。

开展需求调研

小安明白，在课程设计与开发工作坊召开之前，需求调研是必不可少的。需求调研的目的是进一步挖掘学员在工作中的痛点和对课程的诉求，以提高课程的针对性和实用性。需求调研包括对学员基本信息的了解、学员在工作中的难点等。

首先了解学员的基本信息，包括年龄、学历、工作经验、职位分布、学习偏好等，这些信息将影响课程内容的难易程度、教学方法的设计、学习时间和地点的安排等。

然后通过问卷、访谈的方式调研学员及其上级主管，以收集有关课程内容的详细信息。在调研过程中围绕以下问题展开：

一、针对目标学员

（1）在工作中遇到的问题是什么？是什么原因导致的？

（2）希望通过课程解决哪些问题？哪些能力得到了提高？

（3）希望听完课后有什么收获？

二、针对目标学员主管

（1）目标学员目前遇到的业务问题是什么？是什么原因导致的？

（2）希望待开发课程能够帮学员解决哪些问题？

（3）希望学员听完课后有什么收获？

（4）希望课程的交付成果是什么？

收集完这些信息后，小安进一步整理、归纳和分析。针对每个问题，将被访谈者的主要观点进行提炼和概括，作为下一步界定课程目标、开发课程内容的参考依据。

收集素材

由于课程设计与开发团队需要在工作坊现场开发课程，时间有限，因此小安打算在开发课程前让各位业务专家提前收集相关素材，以提高课程设计与开发的效率。这些素材包括：

（1）与课程主题相关的PPT资料。一般来说，企业要开发的课程应该已经有成熟的PPT资料，这些PPT可以通过网络、外部咨询公司等渠道来获得。企业可以参考这些PPT的结构，并选取可用的素材。

（2）案例和故事。案例和故事可以是企业内部发生的真人真事，由课程设计与开发人员收集和整理，也可以从外部收集。

（3）多媒体材料，如视频、音频、图片等。在课程内容中穿插多媒体材料，可提高课程的生动性，丰富教学形式。

（4）游戏。一种游戏是用于课间，带领学员一起玩，单纯是为了活跃气氛，振奋精神；另一种游戏是为了带给学员一定的思考和启发，配合课程内容而设计的。

（5）专业图书、期刊、报纸。专业图书具有相对完整的知识体系，能帮助课程人员快速建立相关主题的理论框架，但由于其中大部分内容是基础理论知识，可能比较枯燥。期刊和报纸上的信息尽管大部分是碎片化的，但包括大量鲜活的案例、最前沿的资讯、专家学者的最新视角和观点等，正好可以弥补专业图书的不足。

小安认为，如果将课程设计与开发比喻为建造一栋高楼大厦，那么，明确课程主题、组建课程设计与开发团队、开展需求调研、收集素材，这几项准备工作就是大厦的地基。地基打得越稳，建成的大厦就越牢固。同理，准备工作做得越充分，课程设计与开发就会越高效，成果就越显著。

07

知己知彼，百战不殆：针对学员分析的换位思考每个做课程设计与开发的人，都不会忘记课程的对象是谁，但是又有多少人对学员做过认真细致的分析？恐怕不多。

那么，当你对学员没有充分了解的时候，又何谈因材施教？归根结底，为什么要做学员分析？其目的有：

- 进一步确认培训需求；

- 考虑学员对课程设计与开发的影响；

- 确定课程的难易程度；

- 为不同水平的学员科学地设计课程。

学员分析对课程设计与开发的价值：

- 帮助业务专家选择合适的教学方法和教学活动；

- 确定课程结构和后续强化措施；

- 确定课程的难易程度。

对牛弹琴的后果

最近，小安在公司内部针对同一个主题，安排公司的讲师林经理开展了两场培训。看到收回来的培训评估表，小安很困惑。

同一个讲师，同样的时长和讲法，唯一的区别就是学员不同，没想到的是，评价居然大相径庭。其中一场培训，多数学员对讲师的评价都非常好，认为讲师的理论知识深厚，收获很多。而另一场培训，学员的评价却是一边倒，认为课程比较枯燥，课堂很沉闷。

问题到底出在了哪里？小安对林经理非常熟悉，按理说，林经理在授课能力上、业务功底上都是非常出色的，为什么会出现这样天壤之别的评价呢？

小安把当时的学员签到表认真地翻看了几遍，他想知道是什么地方出了问题。他突然想到，这次培训是分部门来组织的，业务部门为一批，职能部门为一批。而截然不同的评价，正好来自这两个不同的部门。

小安突然明白了，对于职能部门和业务部门来说，他们的学习习惯是不一样的。职能部门的人，因为在办公室的时间较多，所以长时间听讲授、做笔记是习以为常的事情。而业务部门的人，大部分时间是在外面跑业务，比起在教室里听大段的讲授，他们更倾向于边听边做，最好能动手实践。

课程安排的时间也不太合理，职能部门的培训时间安排在周三的上班时间，而业务部门的培训时间安排在周末，已经在外面跑了5天的业务人员，本来已经身心俱疲，学习起来自然很吃力。

小安发现，这些自己最熟悉的同事，竟然成了最不了解的陌生人。为了保证后续的课程获得好的效果，小安准备和林经理一起想想对策。

得知自己获得了不同评价结果的林经理，也在苦恼中。随即两人一拍即合。

经过长时间的讨论与分析，小安和林经理有了结论：当目标学员的年龄、职位、学历、工作经验、学习偏好不同时，他们对课程的难易接受度，以及课程的设计和安排有着明显区别。

小安说："我发现，比较年轻的学员一般都不希望课程的时间太长，而希望一次培训的时长是1小时；对于培训时间长的课程，希望每个模块的时间控制在1小时以内。所以在设计内容模块的时候，每个模块的内容不能太多。

"而且，比较年轻的学员往往喜欢课程有比较多的互动，同时希望可以发表自己的意见。所以在课程中一定要加入一些互动环节，或者已经设置互动环节的，把互动环节的时间适当延长。

"对于年龄稍微大一些的年长学员来讲，哪怕讲师只有纯粹的讲授，没有任何互动的设计，但是只要内容好，学员也是可以接受的。"

林经理说："我在讲课或听别人讲课的时候，也有同样的感受。而且，我发现学历也会产生很大影响。有一次，我去南方给集团新成立的一个分公司做培训，这家分公司快速扩张，招聘了一批新人。我去讲课的时候，还特意重建了完整的课程结构，因为这是一门在公司里很成熟的课程，是专门为大客户销售精心准备的。

"结果到了现场才意识到，我没有提前对分公司做过任何了解，对学员更是一无所知。刚到的时候还不知道情况，讲了一个多小时。课程开场后，陈述机遇，询问学员有什么需求，然后提出解决方案，之后提供详情，最后达成协议。我觉得自己讲得还挺好，这些东西，在总公司讲的时候，没有什么问题。结果课间休息的时候，我和学员交谈，才发觉他们根本没有明白我讲的内容，很多词汇对他们来说都太陌生了。而这家分公司是做快消品业务的，而且为了快速扩张，招聘的很多新人的学历都不高。他们的知识水平和我在总公司做培训时，那些本科以上学历的做大客户销售的学员是有一定差异的。尽管学历并不能代表一个人的能力水平，但面对不同学历的学员的确需要采取不同的培训方式。修改前的课程内容让学历水平并不高的学员理解起来较困难，如图7-1所示。

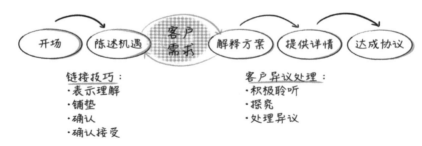

图7-1　林经理的课程内容（修改前）

"于是，我赶紧修改了课程内容，把其中特别难以理解的词语都改成了常见的、口语化的词语，如图7-2所示。

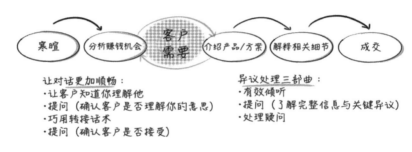

图7-2　林经理的课程内容（修改后）

"我不再强调开场，而是寒暄；也不再陈述机遇，而是分析赚钱机会，告诉对方卖这个快消品怎么能挣钱；也不讲解决方案，而是介绍产品；并将异议处理三部曲的部分改成了简单的步骤。利用第二次课间，我再次和学员进行了沟通。这一次，他们都说听懂了，我悬着的心终于放下了。"

小安说："这真是一个生动的例子。另外，学员的工作年限也会影响培训效果，工作年限越长的学员越需要讲得深入。"

林经理说："是的。培训效果和职位分布也有关。我们做培训的时候，经常要举一些案例让学员分析。如果都是类似职位的，案例是比较容易找到的。如果职位分布得比较广，案例的应用场景往往就复杂得多，因为必须考虑不同职位的要求，否则学员对案例会完全没有感觉，课程也就很难进行下去。"

小安说："是这样的。作为培训管理者，我经常组织各种各样的培训活动。我发现，学员的学习偏好不一样，导致他们对上课时间、地点的喜好也不一样。我记得有一次，因为比较赶时间，我希望将课程安排在早上8点开始，结果所有年轻学员都反对，他们觉得太早了。还有一次，因为课程进度滞后，我想把课程延迟到晚上9点，结果好几个年纪较大的学员提出了反对意见。"

林经理说："是的，我也遇到过这种情况。我记得去年在公司管理层培训课堂上商量培训计划的时候，大家都希望在郊区找个山清水秀的地方封闭培训，因为如果在公司的话，大家就没法静下心来。我印象中最深刻的一次培训是在户外，培训效果非常不错。"

小安说："对，那次培训我也去了，我也觉得不错。而且，晚上还参观了附近的园区，后来大家还围着一堆篝火商讨公司明年的战略机会。"

小安和林经理越聊越开心，他们决定，对于下周的第三次培训，在培训前一定要对学员进行详细的分析，然后在授课时对内容和课程安排做一些必要的调整。

小安拿出随身的笔记本，认认真真写下：学员分析，要考虑很多因素的影响，包括年龄、学历、经验、职位、学习偏好等。

"小安，你真是一个爱学习、勤总结的好伙伴。"林经理翻了翻自己案头的书，"你还应该看看这个，因为已经有人对讲师的学习风格做过研究。"

库伯学习风格类型

林经理笑着翻开一本书，说："库伯（Kolb）学习风格类型，是指学习喜好不同的学员会通过不同的学习方式来学习，这些不同的学习方式被称为学习风格。

"这些学习风格的差异，主要是由于学习个体习惯于通过不同的方式对信息进行感知和处理。因此，在安排教学方法时，讲师要把学习风格纳入考虑中。在培训领域，库伯学习风格类型一直备受培训讲师推崇。"

小安想，这也太有用了，问道："库伯学习风格类型是怎样的？底层原理是什么？"

林经理想了想，说道："该理论将人的认知过程分成了人类感知的两个维度。你可以看看这个章节：

"人类感知的第一个维度，是如何感知信息。对于一类感知者来说，他们喜欢分析学习到的信息，更愿意去注意、观察、思考这些信息，他们被称为抽象感知者。传统的以讲授类为主的教学方法非常适合抽象感知者。例如，考驾照的时候，交通法规的培训就比较适合抽象感知者。而对于另一类感知者来说，他们更喜欢通过直接的经验去掌握学习到的信息。他们更习惯于通过做、活动和感觉来掌握学习的内容，所以往往通过仿真环境，使用模型和直接经验才能够获得更好的学习效果。他们就属于具体感知者。例如，有的驾校为学员提供模拟器，或者直接用真车让学员学习驾驶，这种情况就更适合具体感知者。

"人类感知的第二个维度，是学习是如何进行的。

"对于一类学员来说，他们喜欢钻研，愿意通过反射和思考的方法来对待信息，这种方式能够帮助他们搞清楚信息的含义。如果能够提供给他们大量的理论知识和足够的反思空间，那么这将对他们的学习有很大帮助，因为他们习惯于三思而后行，所以这是反思型的处理方式。而对于另一类学员来说，他们并不反对学习大量的信息，但是他们更愿意把新信息先运用起来，然后再通过直接的体验去测试和处理这些信息。从干中学是他们喜欢的一种方式，直接的体验能够帮助他们更好地学习，所以这是积极型的处理方式。

"如果我们将如何感知信息以及如何学习知识的不同点区分开来，则可以将学习风格分成四种抽象感知+积极处理、具体感知+积极处理、具体感知+反思处理、抽象感知+反思处理。这四种分类恰好将学员分成了四类，如图7-3所示。

图7-3　库伯学习风格类型

"第一类叫实用者。他们的特征是利于学习习惯，善于做决定、解决问题，弱于集中精力，检验与评估思想。对于这类学习风格的学员，比较适用的方式是，增加同伴间的互动与反馈。例如，提供技能、技巧的活动，在培训课堂上，培训讲师主要是自我指导式学员的教练与支持者等。

"第二类叫行动者。他们的特征是利于学习技巧，执行力强，善于完成计划，领导和冒险，弱于不现实，只重目的。对于这类学习风格的学员，比较适用的方式是，多增加技巧、技能的训练、问题解决、小组讨论和同伴间的互动与反馈等。当培训讲师是专业人士时，可以由学员自行决定对策。

"第三类叫体验者。他们的特征是利于学习态度，善于想象、回答脑筋急转弯问题，思维非常活跃，弱于发现机会，提出行动方案。对于这类学习风格的学员，比较适用的方式是，在课程讲授时提供大量反馈。讲师是开路者或引导者，提供专业指导，要善于用外部的客观标准来判断学员自身的绩效。

"第四类是理论者。他们的特征是利于学习知识，善于制订计划，创建模型与理论，弱于从经验中学习，看到更广阔的前景。对于这类学习风格的学员，比较适用的方式是，多提供案例分析、理论研究、独自思考的机会等。

"例如，在学骑自行车这个问题上，不同类型学习风格的表现就截然不同：实用者会倾向于先从老练的骑手那里寻求经验和技巧的提示；行动者会马上跳到自行车上先遛一圈再说；体验者会先琢磨骑术，认真观察别人到底是如何骑一辆自行车的；理论者则倾向于先理解相关的骑术理论，再彻底掌握骑术的来龙去脉。"

这本书让小安大开眼界，小安问："林经理，我是哪种学习风格的人？"

林经理笑笑，说："人在不同的经历后，其学习风格也是不一样的。你可以根据下面这个测试表测试一下。"

库伯学习风格测试表（部分）①

尊敬的同学：

您好！本次调查采用匿名的形式，请您据实填写，衷心感谢您的参与！

下面共有八个问题，每个问题分别有A、B、C、D四个选项。请根据自己的实际情况对下列各题四个选项依次进行排序，其中，1=最符合你；2=第二符合你；3=第三符合你；4=最不符合你。将数字填在每个选项前的括号中，请勿漏填。

1. 当我学习的时候，

（　　）A. 我喜欢加入自己的感受

（　　）B. 我喜欢观察与聆听

（　　）C. 我喜欢针对观念进行思考

（　　）D. 我喜欢实际操作

2. 我学得最好的时候，是当

（　　）A. 我相信我的直觉与感受时

（　　）B. 仔细聆听与观察时

---

① 王聪慧. 基于 Kolb 学习风格理论的微课内容设计与实践研究 [D]. 呼和浩特：内蒙古师范大学,2017.

（　　）C. 依赖逻辑思考时

（　　）D. 我努力完成实际操作时

3. 当我学习时，

（　　）A. 我有强烈的感觉及反应

（　　）B. 我是安静的、谨慎的

（　　）C. 我试着推断事情起因

（　　）D. 我倾向于动手完成事情

4. 我学得最好的时候，是当我

（　　）A. 接受他人看法，开放心胸时

（　　）B. 非常小心时

（　　）C. 分析想法时

（　　）D. 实际动手做时

5. 当我学习时，

（　　）A. 我能接受新的经验

（　　）B. 我会从各个层面来观察思考问题

（　　）C. 我喜欢分析事情，并将其分解成几个部分来讨论

（　　）D. 我喜欢试着实际动手做

6. 在学习的过程中

（　）A. 我是个直觉型的人

（　）B. 我是个观察型的人

（　）C. 我是个逻辑型的人

（　）D. 我是个行动型的人

7. 我最有益的学习来自

（　）A. 与人交往产生的体会

（　）B. 观察

（　）C. 理论探讨

（　）D. 尝试和实践的体会

8. 当我学习时，

（　）A. 我觉得整个人都投入学习中

（　）B. 我会在行动前都尽量准备妥当

（　）C. 我喜欢观念及理论

（　）D. 我喜欢看到自己实际操作的成果

08

仁者见仁，智者见智：如何设定课程的目标和收益俗话说："办事不由东，累死也无功。"这里的东，指的就是目标。那么，如何设定培训课程的目标？这就需要在课程设计与开发时，仔细斟酌。目标太低，就没有挑战性可言；目标遥不可及，又显得好高骛远。无论是高还是低，都会有很强的挫败感。有的目标，不但看不出高低，而且听上去还太空。那么，什么样的目标才是合理的目标？

什么是课程的目标和收益

课程目标是指对课程预期的一般结果。课程收益是指学员在实际应用中能够做什么及他们的行为表现和绩效。简言之，目标指的是学员学完这门课程以后的直接收获，如能学到的知识、掌握的技能，这些内容都需要写得明确、具体；而收益指的是学员上级不仅关心学员参加培训能学到什么知识，更关心学完后有什么作用，强调的是间接收获，可以描述为"学完××知识以后，能独立完成××任务，降低××/促进××"。

对于目标和收益，讲师要了解业务、岗位（工作是如何做的）和组织有什么样的目标需要达成；公司领导也需要从个人、任务、组织三个层面去分析。培训管理者也要从公司的业务或管理者的角度看待问题，解决问题，以确保培训工作切中要害、有意义。

目标首先是用来达成的，其次是用来超越的

最近小安特别忙，正在做明年的年度培训计划。小安心中暗暗感谢过去的培训管理者，他们留下了那么多宝贵的课程。如果只看这些文档，小安就能学到很多东西。

这些课程名称小安都特别熟悉，但是明年该怎么排期，哪个先哪个

后，哪个可以多排，哪个可以少排。想到这些，小安犯了难。因为这些课程都很优秀，但是小安没有足够多的时间，把每个课程都仔细完整地看一遍。开设这些课程的目标是什么呢？要是每门课程都写好了明确的目标，浏览起来就方便多了。

小安学过目标管理的知识，知道SMART方法[①]。不过，对于课程的目标来说，SMART方法还不够细致，所以小安决心自己研究课程的目标该怎么写。

首先，目标的范围不能太窄。例如，"沟通管理"课程的目标是"掌握沟通的技巧"，这个目标太窄了，只是该课程的目标之一。目标应该包括该课程所有应该达到的学习结果。一堂培训课上完了，除了"沟通技巧"这项技能，学员在知识和态度上都会有一定的改善。

其次，目标应该是可行的、有效的。如果在课程结束时或者在课程结束一段时间内，学员基于已有知识、个人能力、内部资源，通过课堂所学能够顺利实现的目标才是可行的。可行性是有效性的前提。如果目标不可行，将难有价值可言，就一定是无效的。

再次，目标应该是明确的，能被看懂。只有明确的、具体的目标，讲师、学员和培训管理者才能看得懂，才是好目标。目标最好能够量化。只有这样，培训管理者才能对目标的进程有清晰的认识，才能正确地选择课程内容，妥善地组织课程实施，同时便于课后做培训效果评估时，有可检验和对照的依据。

培训管理者的一个重要职责就是对培训效果进行评估。小安想起有

---

① 从明确性（specific）、可衡量性（measurable）、可达成性（attainable）、相关性（relevant）和时限性（time-bound）等五个方面对目标进行设定的方法。

一次试听讲师的一门课程，如果试听通过的话就将这门课程正式纳入课程库。在试听结束即将对外公布时，小安意外听到讲师对课程目标的描述中有一条是：培训结束后，学员能够意识到大客户的重要性。这让小安犯了难，该如何评估这个"意识"的效果？

小安曾经学习过心理学，他明白，很多目标听上去假大空的原因就是，描述这些目标的词语是虚无缥缈的、无法验证的（见表8-1）。小安每次听到这些词语都觉得很苦恼。

表 8-1　描述课程目标不靠谱的词语

赞赏	喜爱	学习	领会	知道怎样	练习
意识到	知道	喜欢	演练	考虑	理解

如何去衡量和验证这些目标词语？例如，通过"沟通管理"课程，让学员意识到沟通管理的重要性。那么，如何才能知道学员是否意识到了？如果不知道学员意识到了，那么这个目标又如何达成？

小安想，如果能换成这些词语（见表8-2），就好了，至少听上去感觉还是落地的。

表 8-2　描述课程目标清晰的词语

选择	指出	区分	省略	分类	比较	创造	判断
对比	显示	预测	复述	解释	做	配套	批评
定义	告知	识别	编排	挑战	创作	制作	操作
描述	翻译	评价	发展	解决	设计	评级	

小安发现，目标的描述具有两面性。如果只从学员上级的角度去考虑，固然会获得学员上级的大力支持，但是学员往往感觉在被迫学习，或者学习内容和自己无关。而如果只从学员的角度去考虑，目标描述的程度往往比较低，无法达到公司层面的高度，也无法达到学员上级的期望值，

毕竟公司培训的目的是提高组织绩效，过于描述对学员个人的影响会显得课程很不接地气。

例如，"销售业绩提高"的课程目标是"让销售人员掌握快速成交的技巧"，这个描述是没有错的，却没有和公司以及业务结果关联起来。如果再加上一句"促进公司销售业绩年度目标的达成"，就贴切了。

小安想起自己刚开始做培训时的一个深刻体会。那时，小安想在公司内部开设一门课程叫"阳光心态"，是一门让每个人都能拥有积极思维的课程，这门课程对公司内的每个人都是有益处的。

当时的课程目标居然是"通过这门课程，学员能够充满正能量"，结果这门非常有用的课程被培训管理者和公司高层刷了下来。

后来小安反复听了几次这门课程，并且邀请同事一起听了这门课程。大家都觉得这门课程非常有必要开设。于是，小安再次向公司提交了培训申请。这次小安将课程目标的描述写得非常精准，如下所示：

（1）通过该课程的学习，学员能够掌握调整心理状态的方法，并在情绪受影响时，能够利用课堂所学积极应对，控制负面情绪。

（2）通过该课程的学习，学员能够提高自己的抗压能力，并通过积极乐观的心态，影响周围的其他人，在面对困难时，能够看到机遇和挑战，建立自信心。

（3）通过该课程的学习，学员在被误解或不公平对待时，能够保持职业性，按照对事不对人的准则完成工作，从而减少团队内的争执和对抗，达成一致。

小安还在申请书后面附上了自己的学习感受，以及听过该课程的同事的反馈。这门课程很快就获得了上级领导的批准，并且到现在都是公司新员工训练营的必修课。

小安从中明白了一个道理，当你推荐的某个事物被忽视甚至不被接受的时候，并不一定是对方的错，很可能是自己没描述清晰，所以当对方得到的信息是短缺和模糊的时候，被忽视甚至被否定也是很正常的。

如果你希望一门课程能够被学员、学员上级、培训管理者都认可，那么请认真地撰写你的课程目标。如果自己都觉得课程目标是不可靠的，那么别人只会给出更糟糕的评价。

09

不鸣则已，一鸣惊人：如何起一个吸引眼球的课程名称你是不是被这个标题吸引而来的？这个标题是标准的主副标题命名法。不过，这个标题并不是我们想出的最好标题，因为永远都有更好的标题存在。不知道你有没有留意过手机上的新闻，那些标题醒目的文章被点击的概率会高很多。

当然，我们并不鼓励你成为一个标题党——标题很吸引人而内容是空洞的，虽然我们也深知酒香也怕巷子深的道理。为你的课程起一个吸引人的名称吧，然后再让课程的内容配得上这个标题。

给课程起名称通常遵循"准、雅、力、简"的原则，准，即准确，让人一看就知道什么意思；雅，即雅致让人，一看就知道有文化内涵；力，即冲击力、吸引力，让人读起来有一定的语感；简，即简洁，一般七个字以内，便于排版和布局。为了让大家对课程命名产生灵感，表9-1提供一些常用的方法和样例。

表 9-1　课程命名的方法和样例

方法	样例
模型量化法	六顶思考帽、高效能人士的七个习惯、职业经理人常犯的 11 个错误、感动服务五部曲、财务的七把砍刀
以小见大法	一想天开、最后一公里、好 QC 标准造
真知灼见法	赢在执行、解码成功设计师、童装面料选择宝典、服务升级密码、精益改善的落地与实施、心中有数——门店产品生命周期数据管控
形象比喻法	留一手——导师的撒手锏、跟童鞋开胶说拜拜、如何让你的店铺颜值爆表、Excel 一笑而过——高效数据处理之道
问题悬念法	爸爸去哪儿、好工厂去哪儿了
路径命名法	从技术到管理、从优秀到卓越、从经验化到标准化、透过分析谈计划、从 1 到 10 ——如何提高个人连带率
张力命名法	瓶颈突破、决胜引擎
要素集合命名法	5S 管理

向媒体学习起名称

小安发现最近自己玩手机好像上瘾了。自从在手机上安装了新闻App后，每次打开新闻客户端，都忍不住要看好久。不知道为什么，一看起来就停不下来。一条条新闻标题就如同闪烁的霓虹灯，总是诱惑着他不由自主地想点进去看看。

朋友劝小安，新闻还是要看的。但是，小安觉得这样一天盯着手机看上好几小时，太伤眼睛了，对眼睛不好。可是这些标题真的太吸引人了，小安总是无法控制自己点开一探究竟的欲望。要是每次发培训通知邮件的时候，大家一看到邮件标题就点进去看，一看到课程名称就迫不及待地报名该多好，小安不禁在心里这样想。

这样的知识在哪里能学到？既然这些新闻都是那些媒体记者或编辑写的，问问他们，也许有帮助，小安自问自答。

小安有个大学同学小李在报社工作，已经是一名出色的编辑，不妨就向他取取经。地点就约在××报社楼下的咖啡馆。

到了指定地点后，小安发现小李已经到了，赶紧三步并作两步："老同学，好久不见。"小李起身和小安热情地握手："好久不见，什么风把你吹来了？"

小安坐下后说道："我发现现在的新闻标题都起得特别好，一看标题就想点进去看看到底发生了什么，而我写的培训课程的通知却没几个人看。而且，有的人说，一看到课程标题，就觉得很没趣。我看到你们单位新闻App的标题就起得特别好，所以想请你传授点儿心得。"

小李听完哈哈大笑道："没想到，你居然对我这个'标题党'感兴趣。你的课程名称叫什么？我看看能不能帮你参谋个好名称？"

小安说："沟通管理。"

小李说："就这四个字？难怪没几个人看呢。我来帮你改改名称，马上它就可以闪亮登场，练就'吸睛大法'。"

小安拿出了自己随身携带的笔记本。为了研发出自己的课程设计与开发技术，小安的这个笔记本已经不知道记录多少东西了。

小李啜了一口咖啡，说："方法其实有很多，加入数字就是其中的一种方法。如果你的课程是讲沟通管理的，那么叫'沟通管理的7个绝招'，怎么样？"

小安说："好名称。我里面写了20多种方法，叫'沟通管理的22个绝招'，怎么样？"

小李口中的咖啡差点没喷出来："用数字当然是醒目的，但你这"22个"也太多了。当用数字来为名称提亮的时候，一位数的数字是比较好的，一般情况下不要用太大的数字。你的课程是讲给谁听的？"

"我们公司的每一个人，我觉得都可以听。"小安答道。

"谁都可以听？这样好了，就叫'沟通管理——职场人必修必会的专业课'。用一个双标题，你看怎么样？"小李的好名称是一个接一个。

"好名称！职场人，就是泛指所有人；必修必会，就会有更多人因为重视而想听。还有什么好名称？我赶紧记下来。"小安在自己的笔记本上飞快地写着。

"你讲沟通管理，是不是希望大家一方面要会说，另一方面要会听？

可不可以叫'从传播者到倾听者——如何进行高效沟通'？当然，你可以用一些高大上的常用语，如'换位思考，互通有无——高效沟通的7个绝招'。怎么样？"

"太棒了，编辑就是不一样！"小安不禁拍手道，"我也想出来一个名称，叫'沟通为什么如此重要'。怎么样？"

"这也是个不错的名称，会吊人胃口，因为问句往往会引发人的思考。我记得多年前有人写了一篇文章叫《中国将走向何方》，讲的是关于中国经济的，比很多其他经济学的文章都要出名。对了，你喜欢看科幻类或侦探类的书籍吗？"

"喜欢。我看过《三体》，还喜欢看《福尔摩斯探案集》。"小安回忆道。

"这些名称听上去要么很科幻，要么很有侦探的感觉，你也可以试试用类似的名称给自己的课程起个名称。"

"例如，可以叫'揭秘高效沟通之谜'或者'破解沟通僵局之道'。"小安已经打开了思路。

"这不都是好名称吗？其实只要脑洞大开，就能想到更多好名称。好了，就说这么多，其他的你自己想吧，我得回报社开会了。"小李说完，端起桌上的咖啡一饮而尽。

小安望着自己笔记本上的一个个名称，突然意识到，起名称还真是门学问，回去我要想出更多更好的名称来。

给课程起名称的好办法

一门简单的"沟通管理"课程，经过小李的点化，居然被赋予了这么多好听的名称，小安觉得收获很大。

下面是小安和培训部其他同事以"沟通管理"课程为例，对起名称的方法进行的归纳和总结，共八种方法。

方法1：加入数字。因为数字简单易记，如"沟通管理的7个绝招"。

方法2：双标题法。有两种方式，一种是主标题是课程内容，副标题是修饰课程价值的，如"沟通管理——职场人必修必会的专业课"。另一种是用吸引人的主标题+比较严肃和正式的副标题的组合，如"不会说话，怎么拼职场——沟通管理技巧培训课程"。

方法3：路径延伸。例如，"从传播者到倾听者——如何进行高效沟通"。

方法4：使用名言或成语。多积累一些名言或成语是很有必要的，如"换位思考，互通有无——高效沟通的7个绝招"。

方法5：加入问句引发思考，如"沟通为什么如此重要"。

方法6：使用侦破悬疑类的词汇，如"揭秘高效沟通之谜"或"破解沟通僵局之道"等。

方法7：用谐音字的方式，如"如此沟通，才能共通"。

方法8：关键字合并法，如"6S沟通法则"。

小安和同事都觉得，给课程起个名称真的太有意思了。一个看上去平淡无奇的"沟通管理"课程，居然可以用8种不同的方法来取名称。

从这些名称中，小安总结出了给课程取名称的四个要求：首先，课程名称要准确概括课程的内容；其次，用词要文雅，不能太俗，不能耸人听闻；再次，听起来要有力道，能给人留下深刻的印象；最后，要简练，不能太长，一般在5~9个字之间，如果是双标题，主标题也要控制在5~9个字之间。

"准、雅、力、简"，小安给了一个更加精简的定义，以后再也不愁想不出好名称了。

10

搭建结构，有条不紊：课程结构中最常用的架构方式每个做课程设计与开发的人都会觉得设计课程结构是一件技术含量很高的事情。因为这件事情的难度非常大，既要符合课程内容的逻辑结构，又要符合学员的认知逻辑，还要符合课程的授课顺序，这三者之间的逻辑基本一致，但又有细微的区别。

这就好比做一道菜——西红柿炖牛腩。在烹饪的过程中，一般都是先加水，再煮牛腩，最后加西红柿，这就好比课程内容的逻辑结构。当菜做好后，端上桌的时候，食客第一眼看到的是混合在一起的牛腩和西红柿，然后才会关注到汤，这就好比学员的认知逻辑。当食客开始品尝的时候，这个顺序又变了，有的先喝汤，有的先吃西红柿，有的先吃牛腩，这就好比课程的授课顺序。

众口难调，课程结构到底该怎么弄？

从一场艺高人胆大的毫无准备的培训讲起

今天，小安接到了一个很急的培训需求，对方要求林经理来讲。林经理虽然对课程内容非常熟悉，但是因为时间紧迫，根本来不及准备PPT，甚至连打个草稿的时间都没有。

林经理硬着头皮走进了培训教室。他望着台下那么多同事期待的眼光，内心十分紧张，不知道应该从哪里讲起。

在和小安简单商量后，林经理决定这样做。

首先将所有学员分成5~6组，每组4~5人（尽量不把熟人分在一组，每组的人员构成也不要过于单一）。然后，给每组分发一张A1尺寸的白纸，要求学员以图文并茂的方式写出他们遇到的棘手问题（这个环节是临时设计的，因为图文并茂的方式比单纯的文字方式会让学员觉得有趣，而且会让学员的思维更加活跃），并希望在这次培训课上能够得到解决。

学员很快按照林经理的要求在白纸上写满了问题。每个人都被调动起来，积极参与其中。很快，写满问题的白纸被粘贴在讲台前面的白板上。

收集完学员的问题后，为了避免误解，林经理希望学员对自己的问题进行描述。若是往常，没有人愿意第一个先说，因此经常会出现冷场的情况。怎么办？

林经理灵机一动，说道："现在，我需要大家帮我个忙，对我们列的这些问题，每组选一个代表进行描述。不过，今天有个要求，如果前面的学员说过某个问题了，后面的学员发言的时候就不能重复了。"听到这样的要求，往常冷场的情况果然没有出现，有几位学员已经抢先上台，准备开始讲述。

林经理耐心地听每个学员的发言，并在自己的本子上简单做了笔记。等大家都讲完后，林经理浏览了一下白纸上的问题，引导大家把重复的问题用红色白板笔画掉，对内容接近的问题进行了合并，并且与在场的学员逐一进行了确认。最终筛选出不到20个问题。

林经理对这些问题进行了简单分类，并用不同颜色的笔做了标记，然后开始逐一解答。

因为前面的学员在阐述问题时，已经介绍了不少背景，所以林经理没有做过多铺垫，指出原因后直接进入解答环节。林经理利用自己的丰富的经验，分析出问题背后的原因，并提出解决方案。一堂毫无准备的培训课，居然被林经理讲得精彩不断。

因为所提问题都是学员关心的，而林经理又给出了学员想要的方案，所以课堂的学习气氛异常好，连原定的课间茶歇环节都被忘记了。

当课程即将结束的时候，林经理再一次把问题回顾了一遍，每回顾完一条，就在对应的问题上画上删除线。林经理用这样一种方式完成了全课的总结。当白板上所有问题都被画上删除线的时候，林经理最终确认："今天，大家提出的所有问题是不是都被解答了？"学员回答："是的！"

这场完全没有准备的培训课给学员带来了前所未有的成就感，引发了学员热烈的掌声。大家上完了收获满满的一堂课。

下课后，林经理没有着急走，而是拿出自己的手机，将所有问题以及自己的板书都拍了下来。助教问："林经理，你是要拍照留念吗？"

林经理笑笑，说："当然是留念。不过，还有另一个作用，回去稍加整理后可以将其做成PPT。下次如果再培训这个课程，不就有PPT吗？"

听到林经理的回答，两人不禁大笑起来。

小安一直坐在场边静静地看着这一切："真有你的！"小安在心里对林经理竖了个大拇指，一定要让林经理给公司的讲师做个分享，讲一下他是怎么做到的。

林经理的分享：他是怎么做到的

小安组织了一场讲师的会议，请林经理给大家讲讲，那场培训是怎么做的。

小安先开了场："我是做培训管理的，也懂一点儿课程设计与开发。

从标准的培训流程（运用ADDIE的顺序）来看，一堂培训课程应该是先做培训的需求调研，再做课程的框架设计，然后开发PPT，给学员进行正式的授课（更稳妥的话，还应该在正式授课前进行试讲），课程结束后还应该对课程做一次详细的评估。林经理的那一次课程安排得很急，都来不及准备，但是最后的课堂评估结果的分值甚至比那些成熟课程的分值还要高，所以我想请林经理给大家分享一下经验。"

会场上响起了大家热烈的掌声。

林经理清了清嗓子，开始分享自己的经验。

"其实，那天课程安排得非常紧急，我真的一点儿准备都没有。到现场后，我还有一点儿紧张。我发现到场的学员人数也不少，我一个人也照顾不过来。

"所以开始的时候，我就将现场学员分成了几组。过往我总在课堂上用分组的方式来组织学习。我发现，当组分得太多且每组都展示的时候，总的时间就会太长。而且，如果每组的人数太少，组内讨论的气氛就不够热烈。但是当组分得太少，每组的人数又太多时，讨论的效率又会受到影响，大家难以充分沟通。所以那天根据现场的人数，选择了一个比较合适的分组数，每组5人左右。这种方式极大地提高了每组的学习效率。"

在场的讲师惊叹不已，原来分组还有这么多学问。

"当每组集思广益，将自己的问题写在白纸上时，我其实就是在做调研。当时我也挺紧张的，一直在想需要讲什么、怎么讲，而且我还特意巡场，看看大家都写了些什么。"说到这里，林经理笑了笑，"当大家将写满问题的白纸展示在我面前的时候，我心里大概有数了。我知道这个课应该是能讲下去的，我让大家发言的时候，我已经知道要讲哪些内容了。

让大家介绍一下背景，进一步验证了我的判断，而且我的确需要一点儿时间，想想怎么把这些串联起来。"

小安想，难怪当时林经理好像在听学员讲，又好像念念有词。

"当大家都讲完的时候，我也想得差不多了，所以我先带领大家把问题进行了梳理，删除了重复的问题，合并了可以归为一类的问题，然后带领大家一起分析原因。分析原因的过程，也是带领大家一起思考问题、解决问题的过程。"

"原来这样，难怪那堂课我一点儿都没溜号。"参加过林经理培训的一名讲师茅塞顿开。

"接着，我就对问题逐一进行了解答。过去经历过的一些事情，正好当作案例来分享，而且学员还挺爱听的。"说到这里，林经理还是很得意的，"最后，我觉得今天的课程毕竟没有特别充足的准备，有点散，所以我就做了个总结。因为前面讲过了全部内容，所以，我按照自己觉得合理的顺序把内容做了总结。"

"这个总结我觉得做得特别好，帮我们把零散的知识又串联了一遍。"刚才那名讲师补充道。

"是的，我也觉得自己总结得很棒，不过最后的照片更帮了我。"林经理说，"回去以后，我根据自己的记忆，很快就把PPT做出来了。下次讲的时候，我就不用像这次这么紧张了，毕竟有存货了。"说到这里，林经理像孩子一样咯咯地笑了。

"不过，这次也有遗憾。"林经理故作玄虚地说，"我觉得自己的板书写得太差了，我要好好练字了。"

"哈哈哈！"小安和在场的讲师都笑成了一团。

林经理的分享给了小安很大的启发，林经理的灵机一动，的确带来了一堂成功的培训课。

这样的课程针对性强，提升了学员的成就感。因为学员最大限度地参与到课程中，而且自己提出的问题获得了答案，满足感自然提高了。

课程具有非常大的灵活性，不拘泥于框架，学员可以活学活用。尽管这种课程体系的完整性不高，但正是因为这样，课程才具有较好的弹性，课程时间比较容易控制。

最后，讲师的压力较小，而学员的正面感受较强。因为讲师无须从头讲到尾，只负责点拨甚至点评即可。学员全程参与其中，也不容易犯困。因为学员和林经理都讲了很多内容，所以互动效果非常好。

小安猛然意识到，林经理用的就是最简单的WWH结构，即先让学员展示了What（遇到了什么问题），然后林经理带领学员一起分析了Why（问题背后的原因是什么），最后林经理利用自己的丰富经验解答了How（如何解决问题）。

没想到，一场临时安排的、令人不抱太大希望的培训课程，就这样被林经理轻而易举地解决了。

小安突然有了一个更有意思的想法，其实这个课程也可以用引导技术来做。在对问题归类整理后，讲师可以不讲授，而是引导大家一起分析问题背后的原因，再一起寻找解决的方法，效果一定也不错。

"对了，下一场培训，林经理你要不要也这样试试。"小安和林经理开起了玩笑。正要转身离开的林经理说："这种方法可不是万能的，它具有很大局限性。这次只是瞎猫碰上死耗子了。"

林经理继续道："这种方法也是我无意间发现的，不能滥用。因为这里面有三个很重要的前提。

"一是讲师对讲述的内容非常自信。讲师自身的功底要足够深厚，如果学员提出的问题是难以解决、无法当场解决甚至完全超出讲师能力范围的，那么讲师就容易陷入尴尬境地，培训就失败了。

"二是学员对要讲的内容有一定的了解。例如，你要讲的某个内容，对学员来说是全新的概念，如果他们连问题都提不出来，那么这个课程还怎么讲？你能想象给一些没有任何项目管理经验的人，用这种方法讲全新的项目管理知识吗？

"三是对讲师的现场控制能力要求很高。讲师是要对课程的效果和课程的进度负责的，虽然学员也参与了课程的授课，甚至受邀进行了分享，但是他们对课程的进度是一无所知的。这个时候，就需要讲师灵活地加以控制，既不打击学员的积极性，又能保证不拖堂，按时下课。过往的经验是，一旦某个学员的讲述冗长而且不精彩，其他学员的精神就很容易分散，那么讲师就要密切关注了。"

"林经理，你真有两下子！"小安打开自己的笔记本，记下了林经理刚才补充的话。看来，既是业务专家，又是讲师的人，真的是企业里名副其实的牛人。

课程结构不简单 | 培训课程到底是怎么折腾出来的

小安出差到了北京，因为总部要和某高校合作开发一门名为"情商教育"的课程，集团的培训负责人让小安参与到这次课程的设计中来，小安也很珍惜这个机会。总部会议室里已经坐满了来自各个地区的课程研发专家，他们正在热烈讨论这门课程到底该如何做。大家各执己见，每个人说的都有道理，又彼此都说服不了谁。

课程结构1.0版本丨又是WWH结构

第一位专家快言快语："我大致想了一下，这门课程可以分成三块：

"第一，情商教育的重要性；

"第二，缺乏情商教育导致的严重后果；

"第三，提高情商的几种方法。

"逻辑很通顺，先讲情商很重要，要不然大家为什么要来学习这门课，然后给大家看几个因为缺乏情商而导致严重后果的案例，最后给出几种提高情商的方法。做到提出问题，解决问题。大家觉得怎么样？"

专家们觉得这个结构不错，逻辑上也很通顺，中间还有很多案例。

这时候，第二位专家提出了自己的补充意见："这个结构我觉得挺好的，不过，到底什么是情商？这个结构中没有体现出来，所以我觉得可以再加入一条，调整成这样：

"第一，情商教育的重要性；

"第二，缺乏情商教育导致的严重后果；

"第三，到底情商是什么；

"第四，提高情商的几种方法。"

大家一想，有道理，大家作为课程设计与开发专家，对情商这样的词再熟悉不过了，所以都忘记了解释一下什么是情商，都认为这个结构提得好。

第三位专家发言道："我觉得，先强调情商教育的重要性，再说情商是什么，是不是有点不太合适？"

一语惊醒梦中人！虽然课程结构中已经解释了情商是什么，但这是从标准的课程结构出发的，可是从讲述顺序来说，如果学员对情商这个概念大概了解，那么先讲为什么，再讲是什么，逻辑还算合理。但是，如果学员对情商这个概念一无所知，那么一开始不解释情商是什么，而直接讲情商的重要性，就不太符合逻辑。

所以，顺序调整如下：

第一，到底情商是什么；

第二，情商教育的重要性；

第三，缺乏情商教育而导致的严重后果；

第四，提高情商的几种方法。

小安结合大家的讨论进行如下总结：

- 一旦我们知道了一个知识，就很难理解这个知识在不知道的人心目中是什么样的，所以一定要换位思考，让自己的心态归零。

- WWH结构的顺序是灵活的，如果学员对知识本身有一定了解，先讲Why吸引学员注意力是对的，如果学员对知识一无所知，那么先讲What的逻辑可能更合理。

课程结构2.0版本丨放什么案例，放在哪里

课程结构设计的讨论还在继续，有的人甚至打开手机，开始搜索情商的定义。一位专家说："这个框架已经很完整了。不过，我觉得可以再优化一下。如果一上来就讲情商是什么，可能理论性太强，过于沉闷了。大家觉得前面是不是应该放个案例来开场，以吸引学员的注意力？"

有的专家提出了反对意见，因为后面已经有案例了，而在最开始的20~30分钟，讲关于情商教育的一些理论性知识，正好是学员学习状态最好的时候。在这个时候讲最难理解的理论部分是很合理的。

而赞同的声音说，课程的开场很重要，在这个手机信息爆炸的年代，在开场5分钟之内，如果不能抓住所有学员的心，那么后面的内容再重要也无法吸引学员的注意力。

大家为此纠结了好久，便问小安："你参加工作不久，你说说，你是怎么知道'情商'这个词的？"小安说："我到现在也不是很清楚情商是什么，但是，我依稀记得我是怎么听到它的。好像是我上初中的时候，新闻里说某个学校的一个大学生，成绩不错，但是因为一点儿小事残忍地杀害了好几个同学，后来被抓住了。我当时看报纸，才知道情商这个词。"

事实胜于雄辩，看来案例的确更加吸引人，所以大家一致同意，应该在开篇放一个典型的案例，并对其他内容进行了文字上的润色。

开篇：缺乏情商教育的众所周知的典型案例（某大学生的例子）

第一，展开：出现这种惨剧的背后原因——情商教育的缺失；

第二，理论：到底什么是情商和情商教育；

第三，深入：为什么情商教育对现代人这么重要；

第四，方法：提高情商的几种方法，并详细讲解一到两种。

大家都试着在心里走了一下过程，觉得逻辑顺多了，一个震撼的案例开场果然为课程增色不少。看来，这个开场案例真的很重要。

这时，经常做案例开发的一名培训经理说："我觉得这个开场的反面案例特别吸引人，但是只有反面案例的话，这个课程就容易显得很阴暗。我觉得，也应该加入一些正面案例。大家觉得怎么样？"

小安心想，其实感受就是对比出来的，只有强烈的对比，才会产生强烈的感受。

还没等小安说话，大家对这个案例放在什么位置争执了起来。有人建议放开头，有人建议放中间，有人建议放结尾。

放开头的人的意见是，开场一正一反两个案例，效果一定不错。但是大家想了一下就否定了这个意见，因为情商的案例都比较长，如果开头放两个案例，开场就太长了，显得臃肿。而且，想找到一正一反恰好完全印证的两个案例，不是特别容易。

放中间的人的意见是，放在"深入：为什么情商教育对现代人这么重要"的后面，用正面案例说明为什么重要。

放结尾的人的意见是，放在"方法：提高情商的几种方法，并详细讲解一到两种"的后面，不但和开场的反面案例形成了对比，而且正好可以作为"方法"这一章的印证。例如，案例的主人公正是用了某些方法，才提高了情商，避免了更大的事故。

大家进行了投票，结果支持放结尾的人最多，所以再次修改课程逻辑如下：

开篇：缺乏情商教育的众所周知的典型案例（某大学生的例子）

第一，展开：出现这种惨剧的背后原因——情商教育的缺失；

第二，理论：到底什么是情商和情商教育；

第三，深入：为什么情商教育对现代人这么重要；

第四，方法：提高情商的几种方法，并详细讲解一到两种；

第五，案例：因为情商高而没有导致事情恶化的真实案例。

"这个结构好，真理真的是愈辩愈明。"大家都附和道。

小安打开自己的笔记本，快速写下：

- 案例对于教学是非常重要的。开场时一个触目惊心的案例，总能让人集中注意力。但是，案例不能集中使用，否则会给人堆砌的感觉，说服力会下降。

- 一门课程的最佳案例设计是有一个案例能贯穿始终。可以开头不好，后来好了，也可以开头好，中间不好，结尾又好了。总之，课程一定要有对比、有起伏，才能吸引人。

- 案例要具有典型性，但是又不能太具体。具有典型性，是为了引起共鸣和思考；不能太具体，是因为如果太具体，学员会因这个案例不太可能发生在自己身上而被忽略掉。

- 课程设计的时候可以准备多个案例，但是讲课的时候讲1~2个案例即可。

课程结构3.0版本｜给课程加点料，让课程更丰满

讨论了这么久，大家觉得课程的结构已经比较完整了。每个人都在思考如何让这个课程结构看上去更加吸引人。突然有人说，这个结尾是不是平淡了点儿？另外，这个课程虽然是写给大学生的，但是情商教育谁都需要，是具有普世价值的，为什么不在结尾对课程的主题升华一下？

大家想了想，如果这样的话，这个课程不仅可以在大学里讲，也可以在公司里讲，的确是个好主意。于是，大家又把课程改成了这样：

开篇：缺乏情商教育的众所周知的典型案例（某大学生的例子）

第一，展开：出现这种惨剧的背后原因——情商教育的缺失；

第二，理论：到底什么是情商和情商教育；

第三，深入：为什么情商教育对现代人这么重要；

第四，方法：提高情商的几种方法，并详细讲解一到两种；

第五，案例：因为情商高而没有导致事情恶化的真实案例；

第六，结尾：情商对现代生活的新价值。

大家觉得这个结构真的太棒了。至此，课程的结构终于告一段落。

小安看着这个课程结构，思考了很久，写下了如下感悟：

- 本质上课程传递的都是信息，包括知识、技能和态度。知识部分重要的是查漏补缺、正本清源。技能部分是一些实操的技巧、方法、流程和步骤等。态度部分是要唤起大家掌握或改变的意愿。

- 课程的设计一定要有自己的知识框架。这是理性的部分。但是，理性的部分听起来容易令人枯燥，所以一定要加入感性的部分。在课程开场的1~2分钟内，感性永远胜于理性，因为感性一下子就可以抓住人心。互动的设计非常重要，所以有经验的讲师认为，讲师说什么没有学员说什么重要，学员说什么没有学员做什么重要。

- 开始设计课程的时候，不要在乎课程的长短。首先做加法，把该讲的内容都列出来，然后进行优化组合，考虑哪些是需要讲的（其中包括重点讲的和一带而过的）、哪些是不需要讲的。总之，先做加法，后做减法。

小安刚写完自己的感悟，今天的研讨会议就结束了。小安边收拾东西，边问身旁的同事："明天，我们做什么？"

"明天？今天只有结构，明天要丰富内容，然后就要写PPT了。"

"我今天早点休息，明天再战。"小安收拾好东西。

新奇的体验｜用即时贴做课程设计与开发

第二天，小安早早来到了会议室。他学习过课程设计与开发这门课程，但是今天的课堂现场有些不一样。桌上放了一包包的即时贴。即时贴是用来做什么的？

小安过去也有过课程设计与开发的经验。不过那时他是通过电脑做的PPT来完成的。在大家陆陆续续都来到会议室之后，小安却发现大家都没带电脑。这门课程设计与开发该怎么做？

这时，胡博士出场了，她担任今天的主讲。她把学员分组，并分给每组一包即时贴，然后公布了今天每组开发的课程主题。在简单宣讲之后，她就请每组开始了今天正式的课程设计与开发。

小安没见过这样的架势，周围的同事却轻车熟路，每人抓起一沓即时贴，快速写了起来。大家都写了若干张内容。小安发现，他们在每一张即时贴上写的内容并不多。看着自己打开的电脑屏幕，小安内心充满了疑惑，难道这是在打草稿？小安问身旁的一位同事吴经理："你这是在做什么？"

吴经理告诉他："我们现在做的这门课程，课程结构设计在昨天就已经完成了。今天的任务就是开发PPT，每张即时贴代表的就是一页PPT，不用写得太详细，写关键字即可。现在大家就是开动脑筋，想到什么写什么。"

小安问："为什么不像昨天那样一起讨论？"

吴经理笑了笑，解释道："结构的内容是比较固定的，而且比较少，所以大家一起讨论的效率会比较高。但是今天是具体的细节开发，大家已经分过工，先分给每个人不同的章节，各自写各自的，然后把大家写的放在一起，再集体讨论，这样效果会更好。"

小安说："这样写，不会有重复的吗？而且，大家万一写的思路不一致怎么办？"

吴经理说："当然会有重复的。但是在这个环节，要的是集思广益。如果某个内容被不同的人写了两次，正说明这个内容是非常重要的，讨论时合并在一起就好了。如果有些地方大家的思路不一致，我们就讨论一下。也许，在具体课程开发的时候，我们又发现了可以进一步优化课程设计结构的可能，就可以在主题不变的情况下，把课程设计结构微调一下。"

"还有这么开发的？真是开眼界！"小安半信半疑。

一小时后，大家纷纷停下手头的工作，拿着写好的即时贴一起走向教室的墙壁。这时小安才发现，教室的墙壁上都是包裹好的玻璃白板，可以在上面写字和粘贴。

大家很快按照课程设计的结构，把自己写的那部分贴在了玻璃白板上。有的把自己负责的章节的顺序调换了一下，有的把自己写的即时贴先放在了一边。

"他们是在梳理全部的内容吗？"小安问。看到这一墙的即时贴，小安恍然大悟，这其实就是按照章节顺序写好的一页页的PPT。

吴经理说："是的。刚才大家基本上写完了自己章节的内容，现在大家的智慧结晶都放在了一起。不出意外的话，未来开发出来的课程内容就来自这些内容。现在每个人都在回顾做好的课程结构，并按照实际的授课顺序梳理课程的内容。如果这个章节是你做的，你就可以调整顺序，或者你移走哪些页，就代表你觉得这个内容放在这里不合适，要想好后再调整，或者干脆删掉；如果别人在前面已经写过了，那么这个地方不宜重复，但是如果要移动或者删掉别人的即时贴，你就要和别人商量后再做决定。"

玻璃白板上的即时贴，一会儿多，一会儿少，顺序也在不断地调整。就这样又过了一小时。玻璃白板上的即时贴的移动越来越少。

吴经理示意大家一起停下来。"现在，课程的内容已经差不多了。作为这门课程的项目经理，我先带领大家一起回顾一遍，然后大家再发表自己的调整意见。"

"原来他是这门课程的项目经理！"小安很开心，觉得自己一开始就问对人了。

吴经理带领大家快速回顾了课程的内容，对每张即时贴都讲解了一下。课程调整的内容并不多，大家很快就达成了一致。又过了不到一小时，整面墙的即时贴都讲解完了。

吴经理讲完最后一张即时贴后，问大家："现在，课程内容基本上可以了吗？"

"可以！"培训专家都很满意现在的结果。

"好，下午我们就正式写PPT了。"

大家收拾好各自的东西，陆续离开。

小安体验了一上午，觉得特别新奇，收获很大。他一直在思考，上午这一切的安排都是什么，为什么用即时贴，而不是PPT。突然，小安想明白了，他赶紧拿出笔记本记下了自己的心得。

（1）使用即时贴的原因是，速度比PPT更快，效率更高。大家只写关键字，一页只写一件事，写清楚思路即可，无须写得特别详细。

（2）项目经理已经提前做好了分工，每个人都做自己的事情。先分工，再分头工作，最后合并成果。这种做法的效率不仅高，而且可以避免成果的互相冲突。

（3）把即时贴都贴在一面墙上，相当于在所有人面前展示了课程的全部PPT，而且大家可以自行调整顺序。这样不仅节省了调整PPT顺序时的时间，而且彼此又能看到对方调整的结果。

一定要设定一个规矩：自己负责的章节是可以灵活调整的；别人负责的章节，如果你希望调整，就必须和对方达成一致。有些章节暂时不用的，可以不要，或者留作备用，视未来情况需要，再放回课程内容中。

这种方法的效率非常高。小安觉得下次在公司内部组织课程设计与开发的时候，也要试试这一招。

结构的力量 | 流水线及家族化工厂

午休后，大家都回到了会议室。这时，小安终于看到了他熟悉的电脑。小安发现大家在正式写PPT之前还做了两件事情。

一件事情是，大家把玻璃白墙的成果拍照后，就把自己写的即时贴都取了下来。有的人甚至夸张地把即时贴贴在自己电脑右手边的空地上，需要时，就把对应的即时贴贴在自己电脑屏幕的右上角。用完后，就把即时贴放在电脑左手边的空地上。

另一件事情是，大家使用的是吴经理已经做好的PPT模板。这个PPT模板居然有几十页，而且模板中已经设置好了Logo的位置、参考线、字体的颜色和背景的颜色，以及字体的样式和大小，还有排版好的位置等。

小安问："为什么要这么做？"

吴经理解释道："上午的任务是完成PPT开发的毛坯。大家把自己写的即时贴都带了回去。放在右手边的，表示等待开发的页面；放在左手边的，表示开发完毕的页面；贴在屏幕右上角的，表示正在开发的页面。这样每个人都可以看到，大家正在开发哪个页面，开发了多少，还有多少没有开发。如果我看到谁的工作量比较大，开发速度比较慢，一般就是遇到比较难完成的章节了，在征得他同意的情况下，我就可以适当调配人手来帮忙，保证我们的开发进度一致。"

"然后，用统一的模板保证大家开发的PPT都差不多？"小安问道。

吴经理说："是的。在课程设计与开发过程中，每个人写自己的模块，大家并行操作，速度是最快的。但是，怎么保证每个人都写得差不多？最后，大家的成果合并在一起时你会发现，有的PPT的字号特别大，用的这种字体、这种颜色，有的PPT的字号又稍微小了一点儿，用的另一种字体、另一种颜色。本来所有PPT合并到一个文件里就可能出现不同的问题，如果字体、颜色、位置、大小都要调整的话，就会浪费很多时间。

"而且，每个人使用PPT的水平都不一样，把内容写出来是最重要的，其次才是美化的环节。我设置的标准的课程模板中已经设好了Logo的位置、颜色、字体、字号，以及参考线和位置等。这样大家只要用一样的模板开发，最后合并在一起，基本上每页PPT的样子都会差不多，就会显得很工整。而且，母版设置得好的话，美观度也是过关的。

"小安，你会用PPT模板设置这些内容吗？"

小安连连摆手："只会那么一点儿，但是用得真的不是很熟练。"

吴经理笑了："那么，小安，你回去以后就把这个当作一个学习任务。"

"好的。"小安赶紧在自己的笔记本上记录了这些内容。

打开了吴经理的幻灯片模板后，小安第一次发现，其实还有这么多可以设置和调整的地方："吴经理，你能教我怎么用这些功能进行模板的设置吗？"

吴经理笑了笑："这个就交给你了，毕竟我们今天是来做课程设计与开发的，而不是来学PPT的。不过，你可以好好研究一下，会有很多意想不到的发现。"

小安说："好，这个我一定要学，以后组织大家一起做课程设计与开发的时候，就再也不用头疼PPT的编辑和美化问题了。"

小安在自己的笔记本上写道：

如果是以课程小组的方式进行开发，一定要做好分工和定好规矩，并尽可能将一些信息显性化处理。这样每组就是一个效率极高的流水线工厂，团队成员要互相帮助，完成共同的目标。

要深入学习PPT的模板技术，提前做好规范，这样就能避免开发人员使用PPT的水平不同，而对开发速度造成的影响，而且还能保证大家开发出来的PPT，拥有统一的样式，就像汽车里的家族化设计一样，一眼就能看出来共同的风格设计。

小安觉得今天的收获特别大，原来课程设计与开发有这么多门道，一定要把这些收获都写到《AID敏捷课程设计与开发》那本书里。

11

前人栽树，后人乘凉：填充课程内容

填充课程内容是AID模型最重要的环节之一。课程内容来源的科学性、系统性、深度、宽度都会对课程的完美交付起到决定性作用。如何开发内容？通过哪些途径找到需要的内容？采用什么样的逻辑填充课程内容？这些都是本章着重回答的问题。

课程内容的来源

吃过晚饭后，小安立马回到酒店，开始思考课程内容如何能够精准获得。为了打破传统的做法，尝试新的思路，他决定用以下几种方法获取课程内容。

一、从工作中获取课程内容（工作任务分析法）

小安想，如果能够把某个岗位每天的工作内容梳理出来，是不是就更有针对性而且更贴合工作实际？这样的内容会不会让学员觉得更有价值？于是，小安开始了基于岗位进行工作内容梳理的旅程。首先要定好一个岗位。到底该在哪家公司选择一个什么样的岗位？小安认为，人们的生活离不开购物，而每次购物都需要和销售人员打交道。如果对销售人员的岗位进行梳理，最后做出销售人员的课程，那一定对销售人员的成长会有很大帮助……小安越想越兴奋，就开始对销售岗位进行分析。经过分析，小安把销售人员的主要工作内容罗列出来：

（1）了解所辖区域同行情况；

（2）制定销售策略；

（3）实地拜访和分析客户；

（4）跟进重点客户；

（5）促进销售成交；

（6）做好售后服务。

以上六项是每个销售人员都要完成的工作职责。如果每项工作职责都要做好，又应该完成哪些具体任务？小安继续写下他的思考：

（1）了解所辖区域同行情况。了解所辖区域消费者的特点，分析市场容量，梳理同行信息，了解竞品现场，挖掘可合作机构。

（2）制定销售策略。确定终端需求，制定产品推荐书，解决客户问题，确定合作模式。

（3）实地拜访和分析客户。树立第一印象，了解终端详情，了解代理商。

（4）跟进重点客户。深入分析客户需求，找到合作切入点，达成初步意向，建立合作。

（5）促进销售成交。签订销售合同，落实产品到位。

（6）做好售后服务。做好定期回访，协助客户解决问题，做好产品推广宣传。

不仅如此，每个任务还需要更详细的步骤才能完成。小安经过分析后，把课程内容全部梳理了出来（示例见表11-1）。

表 11-1　与职责对应的课程内容梳理（示例）

课程模块	课程单元	授课内容
如何快速了解所辖区域竞品情况 （工作职责：了解所辖区域同行情况）	了解所辖区域消费者的特点	①拓宽信息收集的渠道 ②收集区域概况信息 ③分析并建立消费者档案

续表

课程模块	课程单元	授课内容
如何快速了解所辖区域竞品情况（工作职责：了解所辖区域同行情况）	分析市场容量	①如何收集客户信息 ②如何建立客户档案 ③分析市场容量的具体数据
	梳理同行信息	①通过现有代理商收集信息 ②如何挖掘、补充代理商信息 ③如何建立代理商信息档案 ④初步进行代理商评估
	了解竞品现场	①参加公司培训、内部交流 ②拜访代理商 ③拜访终端客户 ④参加行业会议 ⑤建立竞品信息档案 ⑥分析提炼数据
	挖掘可合作机构	①收集可合作机构信息 ②建立档案 ③分析机构社会信息

从工作中获取的课程内容更贴合岗位需要，更能有效地帮助学员学以致用。

二、从关键事件中获取课程内容（关键事件分析法）

这种方法是通过组织中出现的关键事件得出所需要的内容。例如，班组长在组建团队时，需要从社会上招聘员工，其中有个员工来自某知名企业，经验比他还丰富，该怎么管理？这就是一个关键事件。另一个例子，公司出现了一次危机事件，此次危机事件的整个处理过程就是一个关键事件。当时的情况如何？分别有哪些环节存在问题？采取了什么样的应对措施？取得了什么样的结果？后续类似危机事件如何更好地应对？整个关键事件的分析过程既是工作内容梳理的过程，也是课程内容产出的过程。关键事件分析的示例如表11-2所示。

表 11-2 从关键事件中进行课程内容梳理

关键事件	工作内容	课程内容
情景	委派任务时老员工不接受，推诿	模块：如何管理老员工
子情景	①每一次在委派任务时，员工出现各种推诿或婉拒 ②每一次处理工作问题时，员工不承诺、不担当，各有各的意见	单元1：委派任务 单元2：督导跟进
行为要求	①能够科学合理地委派任务，有效使用沟通技巧、认可和激励策略 ②及时跟进，使用进度管控工具有效督导并落实完成	单元1：委派任务三步法： 第一步…… 第二步…… 第三步…… 练习：委派任务训练 单元2：督导跟进工具表介绍 如何有效使用工具表、并举例展示 练习：督导工具的使用

三、从主题分析中获取课程内容（主题分析法）

主题分析跟前两种方法都不同，主题是一个个的概念、事实或原理。例如，企业文化课程通常包含企业发展历程、使命、愿景、价值观。一个主题通常对应一个课程模块，子主题对应课程的单元，授课点对应具体授课内容，如表11-3所示。

表 11-3 从主题分析中进行课程内容梳理

主题	发展历史	文化理念	经营方针	模块
子主题	过去、现在、未来	使命、愿景、价值观	管理、服务、质量、创新	单元
授课点	①回顾过去 ②认识当下 ③展望未来	①定义 ②价值 ③个人的关系	①以管理求效益 ②以服务求信誉 ③以创新求发展 ④以质量求生存	具体授课内容

运用团队列名法确定具体内容

除了需要知道课程内容来源的三种分析方法，还需要团队共创具体授课内容。最好的共创方法是团队列名法。确定课程内容时，一个人独自开发的课程内容会相对过于主观，但团队共创可以更客观且更全面。团队列名法需要做好以下步骤：

第一步，小组准备。小组围坐，引导者说明共创议题，鼓励大家积极思考，贡献思想。

第二步，个人准备。在限定的时间里，小组成员各自把自己的想法按顺序写在纸上，其间不允许讨论。

第三步，个人发言。引导者指定专人负责记录发言顺序。第一轮发言时，限定每个人只能讲其想法中的一部分，并依次进行，如有相似将不再重复。记录者将内容逐条编号并记录。如此一轮一轮地进行。如果某一成员没有新想法了，则越过，直至所有成员的想法都讲出来为止。某人发言时，不允许其他人评论。

第四步，小组讨论。小组成员对每个想法进行讨论，如有不清楚的地方可以提问。可请提出想法的人进一步解释，说明提出的思路。

第五步，小组决策。所有成员根据自己认为的重要程度从所有列出的想法中选出若干个（如20个）并排列打分（如排列第一的给5分，排列第五的给1分）决定去留。最终决策各模块的内容。

团体列名法的精髓是第三步，使用这一方法可以很好地解决发言机会不均等问题。团队列名法可以让每个人充分发言，多轮进行，将内容充分挖掘到位。

用 PPT 梳理课程内容

接下来，我们就要开始编写PPT了。在编写PPT的时候，同样需要按照一定的逻辑进行。

首先，课程设计与开发人员对PPT的编写要有一个概念，即PPT的结构同样需要遵循"总分总"结构。例如，开始是封面页，接着是讲师介绍、目标和收益、框架介绍，然后是模块一和相应的内容页、模块二和相应的内容页……在全部内容页编写完成后，是总结/回顾页，最后是结束页。这样的编排方式会给人一种清晰的逻辑感，如图11-1所示。

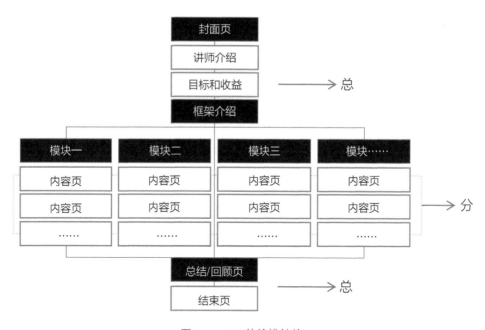

图11-1　PPT的编排结构

其次，在编写内容时，要有一个逻辑线。从开始的封面页就要有一个响亮的课程名称（课程的命名要符合准、雅、力、简的原则）。课程名称有了后，学员会好奇讲师是谁，因此讲师介绍是与学员建立联系和信任的桥梁，一定不能忽视。讲师介绍一定要精心准备和策划，具体包括从业时间、相关的工作经验以及做过的项目等。

再次，聚焦课程的目标和收益。目标和收益是整个课程的灵魂。如果一开始就紧紧围绕课程的目标和收益展开，这堂课就不会走偏。然后就是内容结构的介绍。课程内容结构的编写也有很多方式，如模型式、导图式等，这样便于学员记忆，强化课程的内容逻辑。

在内容的主体部分，一定要符合不多、不少、不重复的原则。每个独立存在的模块是解决问题的关键。每个模块标题要明确显示该标题的价值，标题之间不要重复。每个模块的知识点够用就好，无须增加任何其他多余的内容。所以，课程内容的编写逻辑一定要清晰，模块之间要相互独立。

每个模块的具体内容同样需要层次清晰、结构明确。为了使每个模块的内容结构化，通常采用下面两种方式。

（1）WWH，即Why+What+How（见图11-2），是一种内容逻辑的简单概括。在这里可用于创建单个模块内容的结构。"如果不按照WWH这种方式来教学，90%的结果是讲师没教好，学员学不好。"这句话听上去有些过头，但实际上的确如此。任何一个模块的内容如果混乱一团，没有形成结构化，就很难让学员理解或记忆。所以，每个模块首先需要把学习这个模块的价值和益处描述清楚，获得学员的注意力，然后再描述这个模块内容的概念、核心的知识点以及工具表单，最后再描述工具如何使用。通过这样的逻辑进行PPT内容的梳理，学员就容易理解和记忆了。

图11-2　WWH

（2）时间轴（见图11-3），就是把单个模块的课程内容通过前、中、后或先做什么、再做什么、最后做什么的时间顺序完成梳理。时间的先后顺序符合常人的逻辑思维，也便于学员理解和记忆。如果以时间轴的方式进行PPT内容的梳理，那么，既可以将整个课程按时间先后顺序进行梳理，也可以将单个模块按时间先后顺序进行梳理。重点是，一定要把内容清晰地切割在正确的时间点上。

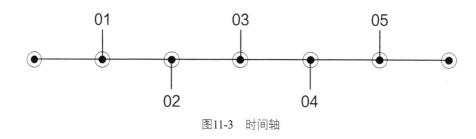

图11-3　时间轴

最后，是对整个课程的总结和回顾。从学员的角度，在有限的时间内将课程的每个模块学习完还是比较累的，甚至有时信息量太大会导致知识点模糊。所以，在整个课程结束后，需要对全部课程内容进行总结和回顾，以帮助学员再次明了课程内容的整体结构，并强化记忆。

因此，在课程的最后环节一定要把课程的核心知识点进行梳理，模型化也好，导图化也行，最终引导学员再回顾一遍。这样一来，学员就会在课程结束时依然记忆犹新、回味无穷。

12

除旧布新，柳暗花明：课程中的干货从哪里来掌握了课程的梳理方法和工具模板，就一定能够做好课程内容吗？答案是不一定。如何把学员所需要的干货（最有价值、最符合学员需要的内容）开发出来，仍然有不确定性。一方面，讲师对三种内容分析方法的掌握度有限；另一方面，需要对内容进行验证，才能确认哪些内容是最有价值、最符合学员需要的。根据前文所述的三种内容分析方法（工作任务分析法、关键事件分析法、主题分析法），基本上可以完整地梳理出课程内容，但要在有限的课时里体现出最有价值的内容，还需要进一步验证。验证工作包括：验证课程内容的适合性、课程结构的合理性、课程各模块内容时间设置的合理性等。精品课程都需要持续的验证和迭代优化。

新瓶装旧酒丨小安遇到的尴尬

小安回到公司后，第一时间将学到的课程内容分析方法跟刘经理进行了汇报，并决定在公司内部实践一下。但是结果并没有小安想象中的那么顺利。培训结束后，很多专家都对这三种方法似懂非懂，并对PPT成果提出了质疑。

"小安，我用了你的方法后，我做的PPT确实比以前有进步，但是我想问，除了PPT页数比以前多了，还有什么差别吗？其中很多内容都是公司管理手册上的，有什么新的干货吗？"业务一部的韩总首先发难。

"我对我们部门的课程也不太满意，这些内容是以前就有的，只是以前几个PPT拼接起来的。正是因为以前的PPT没有效果，所以才要做新的。"新业务部门的赵总也无奈地摇了摇头。

刘经理赶紧出来给小安打圆场："我看今天的PPT评审先到这里，下次我们组织大家再来做评审，一定给大家看更好的课程内容。"

"好，希望下次看到满意的PPT。"几位业务部门负责人失望地离开了。

看到小安沮丧的表情，刘经理拍了拍他的肩膀："小安，没关系，这不是你一个人的责任，我也有责任。不如我们来复盘一下？"

"好，我也想好好反思一下。"小安立刻振作起来。

两人来到刘经理的办公室，把所有事情都回想了一遍。PPT出了问题，到底是由哪个环节引起的？要么是目标，要么是人，要么是内容。

首先，小安和刘经理排除了目标的问题。因为课程的目标都是业务部门和培训部门反复讨论和确认过的，没有什么问题。

其次是人，这次开发课程的专家都是业务部门精心推选的，无论是工作业绩还是工作年限，都满足要求，而且还具备一定的讲师经验。

最后是内容。可是，看上去结构也挺完整的，用统一模板做的，内容量也不少，为什么大家会觉得干货少？

小安不断地回想组织大家一起开发PPT时的场景，刘经理则点开每一个要评审的PPT，一页页快速地翻着。

办公室里异常安静，只能听到刘经理按鼠标的声音，就这样过了好一会儿。

"我知道为什么了。"小安突然说。

"我也差不多知道为什么了。"刘经理从PPT中好像也发现了问题。

小安和刘经理似乎同时找到了答案。

小安想起了当时组织讲师做课程设计与开发时的场景，的确有很多讲师是从过去的PPT中找素材。当时，他觉得新PPT难免会用到很多旧PPT的内容，所以就没想太多。没想到，多数的PPT内容居然是复制粘贴而来的，这些讲师并没有掌握和运用好三种内容分析方法。

刘经理的观点和小安不太一样："小安，你看看这些PPT就明白了。不用特别仔细，看看每页的大标题就基本知道了，其实，并不都是讲师的错。我们做课程设计与开发也要符合人的本性。"

不用榨取的干货 1.0

"小安，你看他们的PPT中，最常出现的是什么？是定义、流程、规则、维度、要点等词汇。"刘经理把电脑推过来，让小安看屏幕。

"是的，看着有点枯燥。"小安快速地翻看着PPT。

"当课程开发专家并不具备丰富的内容分析经验时，他们多数的内容都是定义、流程等。这些往往可以从网上、过往的PPT或某个部门的内部文件中找到。这些内容固然是课程中很重要的一部分，但是因为很容易获取，所以价值不大。你觉得呢？"刘经理和蔼地问。

"是这样的，其实这些内容都老生常谈了。"小安赞同地答道。

"如果这些课程用于新员工培训，也许是适合的，但是给有一定工作经验的内部员工来使用，显然价值就不高了。所以，就算内容是干货，也都是正确的废话，自然不会让业务部门满意了。"刘经理边指着屏幕边分析。

"那也未必，虽然是定义、流程、规则或制度，但是这些内容都是显性知识，能够为业务部门最基本的业务执行起到学习、拉齐、夯实的作用。这些内容感觉似乎多余，但如果没有恰恰又是不行的。"小安一本正经地说道。

轻加工的干货 2.0

"你再看这几个地方，好的案例对课程的帮助是很大的，但这几个案例都太陈旧了。这个案例还是公司刚成立的时候的，对应的政策早已经取消了。"刘经理从案例中就发现了很多问题。

"的确如此，我开始怎么没发现。"小安不好意思地挠了挠头。

"还有这个地方。这一章节的内容还是很完整的，而且PPT中还归纳出了一些关键词。这个提炼和总结对课程还是很有帮助的。不过，也只有这一段，其他地方都是平铺直叙的内容。"刘经理边说边把那几个关键词指给小安看，"小安，如果一个课程要想讲好，讲得生动，还有什么是必需的？"

"我想，还可以讲讲自己的体会，如感受。我觉得有时心态也很重要，不是有句话叫'态度决定一切'吗？"小安说道。

"是的。你看，这几个PPT除了知识，没有其他任何内容，所以无法提升学员的认知高度，尤其对态度的认识是不够的。这部分内容需要适当增加。当然，不能全是态度类的内容，否则就容易变成说教了。"刘经理果然是培训界的"老江湖"，对学员的心态有着细微的把握。

"确实是这样的，我也发现了，好像这些PPT对技能部分的挖掘也不够。例如，这个地方是用什么方法来实现的，用什么工具表格做出来的。还有，这个地方对具体的实现方法也是语焉不详。"小安也从其中看出了很多问题。

"是的，这些就是我们说的干货。我们很容易找到理论、流程，但是还需要告诉学员，采取哪些方法，依托哪些工具，才能达到同样的效果。而且，还可以用一些案例来佐证，也可以分享自己的感受和心态的变化，让大家加深印象。毕竟知识、技能和态度都是培训中的必备素材。作为项目的组织者，你可以不懂具体内容，但是一定要引导和鼓励大家把这些东西都做出来。你说呢，小安？"刘经理用期待的眼光看着小安。

刘经理说话的同时，小安在想，为什么不用工作任务分析法梳理岗位所需的内容？为什么不通过工作任务分析法找到相关的知识、技能？如果通过工作任务分析法，一步步把职责、任务、关键步骤、工作质量标准、知识、技能等全部了解清楚，不就可以把零散知识以及所需的技能全部找到并放到课程里，这样不是更有价值和意义吗？

"是的，这么一看，这些PPT内容确实差了一些，不是很贴近工作实际需要。"小安有些懊恼。虽然PPT做到现在这个程度已经包含很多实用的内容，但是还有很多内容是可以深入挖掘的。

精耕细作的干货 3.0

"小安,你还记得那些你给我们部门分享过的、去总部学习课程设计与开发的经历,以及加法和减法的故事吗?"刘经理在帮助小安回忆。

"是的,你们好像还挺喜欢听的。"小安有些得意。

"何止爱听,我们都觉得特别长见识。"刘经理对小安竖了个大拇指,"其实,这些经验和教训都是你日积月累得来的。所以,你才能比初来乍到的人更深刻。如果把这部分内容都写出来,课程就非常有干货了,因为这些内容才是求之不得的财富。"

"对,真的是这样的,还有我的笔记本。"小安晃了晃自己随身携带的笔记本。

"小安,你这个习惯真好,能让我看看吗?"刘经理发出了请求。

"当然。"小安将自己的笔记本递给刘经理。

"这个笔记本里都是宝贝。这个地方记录了你的心得感悟;这个地方记录了你在工作中发现的常见误区;这一段的采访笔记居然有这么多问与答;这个地方的这句话……真的很有哲理;这个地方记录了PPT模板设置的小窍门,这是总部的吴经理教你的吧?他过去也教过我这个。"

"是他,他这个人挺好的。"小安想起了培训那天吴经理带给自己的震撼。

"你看,如果将这些东西萃取出来,放在PPT中,是不是就更有深度了?"刘经理还没忘记要说的主题。

"的确,我知道该怎么做了。"小安右手比了个OK的手势,"不过,请把我的笔记本还我，我先把今天复盘的这段记下来。"

小安在笔记本上写下了这样的话：

第一轮：知识、概念、定义、框架、流程、政策、法规、要点等；

第二轮：案例、技能、态度、方法、工具、关键节点、核心数字、分布情况、构成、竞品、行业现状等；

第三轮：经验、窍门、绝招、感悟、往年数据、行业变化趋势、常见问题、误区、应对策略、关键人、常见问题解答等。

看到小安勤奋好学的样子，刘经理很欣慰，虽然今天小安捅了不大不小的篓子，但是谁没在职场犯过错呢！

几周后，韩总和赵总向刘经理道了谢，对产出的PPT赞不绝口，纷纷竖起了大拇指。不用说，小安这一次组织业务专家开发的PPT，一定是过关了。

小结：内容撰写的注意事项

内容开发是培训开发流程中最具创造性的阶段，也是最耗费时间的阶段。首先，要选择和开发合适的内容。所谓合适，指的是内容的适用性、可行性、互动性、关联性、实用性、与学员知识水平匹配的难易度等。哪些内容是需要写在PPT中的？通常包括以下内容：

- 理论知识。可以围绕培训的主题，从相关图书、杂志、网络上去寻找这部分资料，作为培训课程的基础内容。理论知识包括：大理论，即能够统领整个培训课程结构，并且可以拆解为多个部分，每个部分可作为培训课程大纲中的一个章节，并以此为基础设置课程的逻辑架构；小理论，即仅仅可以证明某一个论点或者作为一个简单工具来使用的理论。

- 操作方法、流程、经验和窍门。这个部分是培训课程的核心内容，重点解决如何操作的问题。通常，需要把工作任务分析的结果作为核心输入放置在课程中，告诉学员如何做，以及注意事项和窍门是什么。这个部分就是学员眼中的干货。

- 相关案例或场景。当开始一个新内容的时候，用案例切入是一个好的办法。当论述一个论点时，对真实案例的分析与讨论将加深学员对知识的印象。在课程的任一部分，符合实际的案例都会开阔学员的思维，引发学员的思考，从而让学员取得良好的学习效果。

- 故事。好的故事最能打动学员，给学员留下深刻印象。一些道理，通过讲故事的方式，能够长久地留在人们的心中，能够使人们自觉地思考、深刻地总结。选用故事的时候，一定要紧扣主题，这对说明和强调培训内容要点是有帮助的。

- 测试题。培训课的精华在于互动，而测试题是一种让学员完全投入的好办法。通过测试题对学员的水平进行摸底，培训讲师可以有的放矢地加以指导，而学员也可以通过了解自己的不足而主动学习。

- 游戏。游戏是必不可少的环节，是一种很好的活跃课堂气氛、启发深入思考、加深学员印象的方式。游戏包括破冰游戏和暖场游戏，目的是在培训开始时让学员互相认识、打破隔膜，在课程中调动大家的积极性。与培训主题密切相关的游戏只适用于特定主题或特定内容，一般会应用于某一类型的课程中。

针对成人学员特点，确认内容后，还要考虑内容编排的合理顺序。在对内容进行编排时，要遵循下面这些规则：

（1）尽可能按照工作中的实际顺序进行内容编排；

（2）先从学员熟悉的某个点开始，再介绍陌生的内容；

（3）按照问题由易到难的顺序来编排；

（4）按照问题的出现频率、紧迫性和重要性进行编排；

（5）在介绍完操作流程后，要解决实际问题并且要萃取出处理问题的最佳经验。

13

迭代优化，精益求精：内容开发中的加法与减法将满满的干货按一定逻辑放入PPT中，课程设计与开发就完成了吗？其实不然，课程内容还需要根据需求做筛选和优化。培训其实既是做加法，也是做减法，只是不同阶段使用的方法不同而已。当课程从零开始设计和开发的时候，当然是做加法，要开动大脑，把一切该讲的内容都先放进来，然后根据初始的结构设计，优化和调整每一页的顺序，有些内容可能因为重复或类似就被减掉了。当用这个PPT授课的时候，讲师应该根据现场学员的学习能力和培训需求而灵活调整，一些不重要的内容可以做减法，一带而过，一些重要的内容则可以做加法，多讲一点儿。

结构、内容都没问题的 PPT，怎么就听不懂

小安最近为一场即将开始的培训操碎了心。公司想安排一场涉及公司运营部门的培训，并指定由运营部门的一位资深专家马经理给大家做这次培训，并指派小安在课程设计与开发上给予辅助。小安和马经理很熟，刚入职的第一次培训就是听马经理讲的课。小安本来以为用自己的专业知识和马经理对业务的了解，开发出来一套PPT应该不是特别困难的事情，但结果无论是小安还是马经理，对开发出来的PPT都不是特别满意。他们在内部进行了小范围的试讲，大家也都觉得听不太懂。那么，问题出在哪里？

小安首先排除的是整体课程结构的问题，因为这个课程是用标准的WWH方式写的，虽然讲授起来不一定多么惊艳，甚至有人觉得老套，但是逻辑本身绝对是中规中矩的，起码不会让大家觉得逻辑是混乱的。

马经理一直在浏览自己的PPT，是不是写得不够好、不够美观？可是，马经理因为总是给领导做汇报，讲解自己的运营方案，PPT的质量一向是公司的标杆，所以这个问题应该也是不存在的。

小安想到了一种方法。他请一位参加那次试讲的学员在马经理不在场的情况下，谈谈为什么没听懂。

"马经理讲得挺好的。"学员小心翼翼地回答，毕竟马经理是自己的顶头上司，"估计是我自己水平不够，所以没听太懂。"

小安心中暗笑："就知道你会这么说。这样，我们不谈马经理了，他今天也不在。我这里有PPT，你能告诉我哪页你觉得比较重要吗？"

学员快速地浏览完PPT，将答案告诉了小安。在查看了这些重要页的前后页的内容，并结合自己旁听的感受后，小安有了自己的答案。

小安问学员："这页是不是字有些小，你看不太清楚？"

学员推了推眼镜，凑近了一点儿，说："是的，字是有些小，勉强能看清。"

小安继续问"这三个模型图呢？"

学员说："也勉强能看清，但这三个模型图特别重要。"

"这个地方连续的几页都很重要，对吧？"小安继续追问。

"是的。"学员点点头，"这是我们运营中必须学会的内容。"

小安基本明白了："我明白了，谢谢你，欢迎你下次再来参加我们的课程。"

"下次见。"学员满脸疑惑地走了，不知道小安到底明白了什么。

小安和马经理逆转乾坤

小安快步来到马经理的办公室，说："马经理，您有空吗？我想我知道答案了。如果方便的话，我在培训教室等您。"

"好，你先下去，我收拾一下马上过去。"马经理答道。

五分钟后，在培训教室里，小安放下投影幕布，打开电脑，连接投影仪，打开PPT到全屏播放状态，装好无线翻页笔，然后和马经理一起坐在学员的位置上。小安用无线翻页笔，开始一页一页地演示PPT。

"小安，我们在做什么？"马经理丈二和尚摸不着头脑。

小安笑了笑，将PPT停在了一个字比较多的页面上，然后拉着马经理，一起站到了学员席比较靠后的位置上。"马经理，现在请您看屏幕，您能看清上面大部分的字吗？"小安指着屏幕问道。

"好像还真的看不太清楚。"马经理努力了几下，还是放弃了。

"我也看不太清楚。我们再看这一页，马经理，您还记得您当时是怎么讲的吗？"小安又选了一个页面，上面的字不是很多，但是有三个模型图。

"这个地方我记得，我先讲最上面的那个，然后讲左下的那个，最后讲右下的那个。这可是这个岗位很重要的三个模型。"马经理答道。

"您看看这几页。"小安翻到了比较重要的那几页。

"这个地方，正好是这个顺序，所以放在一起了。"马经理解释道。

"我想，我知道大家为什么听不懂我们的课程了。"小安笑了笑说道。

"我也一直在想，你有答案了？"马经理很好奇。

"是的，我们用电脑直接看。"小安拿过来电脑，准备向马经理好好解释一番。

"今天，我请一个上次听试讲的学员，让他告诉我哪些页比较重要。他告诉我主要是这几页。"小安指了指屏幕，"例如，这一页，就是您刚才说站在后面看不清的那一页。还有这一页和这几页。"

"有什么问题吗？"马经理还是没太明白。

"是这样的，马经理，这页的PPT，因为内容很重要，所以字比较多，为了能在屏幕上放下这些内容，您将字号调整得比较小。我们现在对着电脑屏幕，只有不到半米的距离，所以是可以看清楚的，但是投影在幕布上，中后排的学员可能就看不清了，是不是？"小安解释道。

"这个我赞同，应该将字号调整得大一些。不过，如果这样的话，页面可能就放不下这么多字了，怎么办？"马经理觉得小安说得有道理。

"其实，我觉得把字号调大一些，分成2~3页来展示也是可以的，或者将这些内容直接打印出来，分发给学员，然后在PPT上只提示大家阅读手上的文档材料就好了。"小安回答道。

"可以。"马经理接受了这个建议。

"马经理，您看这里，在这页PPT上有三个模型图。我想问一下，如果不放在一起的话，会影响这里的学习吗？"小安指着那页放了三个模型图的PPT问道。

"可以分开放在三页PPT上。"马经理给出了肯定的答复。

"好的。我觉得正是因为一个页面上的内容太多了，所以才会让大家抓不住重点，既然可以分开的，那每页PPT只保留一个模型图就好。"小安建议道。

"好的，后面这几页，你刚才也特意提到了。"马经理想到了刚才还有几页，小安也展示过。

"马经理，这个地方我看了一下，连续十几页，每一页不是模型图，就是规章制度。这个地方，我记得您试讲的时候，讲了半个多小时，对吧？"

"我也有印象，这个地方我讲得口干舌燥的，好在讲完后就茶歇了，我才缓了一会儿。"马经理回忆道。

"所以，您想，这个地方连续十几页，都是大段的干货，都是必会的。您每天的工作就是和这些内容打交道，几十分钟讲下来都还很辛苦，而下面的学员只会更辛苦，您说是吗？"小安对自己的推断有很大的把握。

"你说得没错。"马经理也意识到了问题所在，"小安，你真是个天才！这三个地方都有问题，我该怎么改？"

"我觉得可以这样……还可以这样……"小安一会儿指着屏幕，一会儿敲击着键盘，马经理听得频频点头。最后，马经理和小安约好，修改好PPT后，下周再安排一次试讲。如果这次成功的话，就可以面向全公司正式开课了。

一周后，还是马经理的试讲课，小安又组织了一些人来试听，并且再次邀请上次提供反馈建议的学员一起来听。这一次，该学员激动地告诉小安，他全都听懂了，看得也很清楚。马经理的课程终于获得了成功。

那么，小安和马经理到底说了什么？其实，他们只是做了几个加法，PPT的页数因此增加了几十页，内容看上去多了，但是授课的效果反而更好了，学员的学习压力更小了。

小安和马经理的神奇加法

那么，小安和马经理的几个加法具体是怎么做的呢？

第一个加法是增大了字号，增加了文本的行距。经过马经理和小安的测试，他们发现，不管是标准的4∶3（PPT的尺寸是25.4cm×19.05cm）的模板，还是16∶9的宽屏模板（PPT的尺寸是33.867cm×19.05cm），最小的字号都最好大于等于18号字。对于多行文本，行距也从默认的单倍行距调整为1.2~1.5倍的行距，大小合适的字体+不会挤在一起的行距，虽然有可能会增加几页PPT，但是至少可以保证每页PPT在培训教室内的各个角落都可以被看清楚。

第二个加法是在一页PPT上，只要不影响整体理解，就只讲一个内容，也就是所说的一页一事。原来马经理做PPT的时候，习惯于限制PPT的总页数，所以经常有把三页甚至五页的内容都放在一页PPT上的习惯。小安和马经理通过第二次的成功试讲发现，在一页PPT上放五个内容，和在五页PPT上每页放一个内容的工作量来比，几乎是一样的，但是在授课的时候，后者显然更容易被学员理解。

第三个加法是在连续的核心内容中加入了导航图、案例以及图片。例如，某个流程有六步，按照"总分总"结构，一定是先讲整体，再讲步骤。但是，在讲解每个步骤之前，先加入一页导航图，标明当时讲的内容在整个流程中的位置。有了这样明确的指示后，学员反而对流程顺序的理解更深刻了。在没有太多关联的内容之间，小安建议马经理平均每3~4页的大段文字或内容后，就加入一个内容不是特别满的案例页来进行解释，而且在页面中还加入了一些图片。这样让学员在视觉和听觉上都得到了一个缓冲。

第四个加法是在每一章结束后，加入一个章总结，帮学员回顾本章的内容。全课结束的时候，又加入一个全课总结，帮学员对课程的关键点进行了一个完整的回顾。

这其实利用了心理学上的"三因效应"，也就是首因效应、近因效应和末因效应。因为人们往往容易记住开头，第一印象就是这么来的，这就是首因效应；人们往往容易记住刚刚发生的事情，这就是近因效应；还有，人们往往容易记住最终的结果，这就是末因效应。因为这门课程的每一部分内容都很重要，但是因为这三个效应的存在，所以学员往往只记得开头和结尾，每章的总结正好可以帮助大家回忆起中间的内容。而全课结束的时候，大家往往只记得最后一章讲的内容，此时做一个全课总结，利用末因效应，可以让大家记住前面讲的内容。这样，全课的内容至少被回顾了两次（每章的总结一次+全课的总结一次），学员的记忆就会更扎实一些。

通过以上四个加法，小安和马经理都从现场学员的回应上发现，大家的学习效果变得更好了。小安和马经理的加法大获成功。

小安再次感受到了发现问题和解决问题的快乐。当遇到培训效果不好，自己又找不到原因的时候，和学员聊聊，总会不经意地发现答案。

小安想，设计培训课程的时候，也可以使用其他的加法形式。例如，针对某个知识点，在课程设计的时候可以准备多个案例，在正式授课的时候可以根据需求调研和学员的实际情况，选择其中最贴切的一个来讲，这样在课程主体内容没有太大变化的情况下，就可以更加有针对性。

又如，在做全课总结之前，还可以加入一个问答页，询问大家有什么内容是希望进一步了解的。如果发现大家提出的问题在前面已经讲过了，那么说明这个问题也许还没有讲清楚，可以再深入讲解一下。如果大家提出了一个新的问题，而这个问题在前面正好没有讲到，但又是课程中应该讲解的内容，就可以在课后升级PPT时，把这个内容加进去。在这个环节中，学员还可能就自己知道的某个案例提出问题，要求讲师给予解答。这也是对课程案例的一个补充。

问答页还是保证课程时间的一个缓冲。如果课程进度较快，就可以多进行一些问答的互动；如果课程进度稍滞后，就可以少进行一些问答，甚至可以将该环节放在课后进行，以节省一些时间。

小安觉得，一门设计精妙的课程，真的可以像橡皮泥一样，根据不同的需求做出灵活的调整。这也许就是课程设计与开发的神奇之处。

少就是多 | 这一次该做减法了

小安自从发现了加法的乐趣，就把它用在了课程的开发与设计，以及过往PPT的优化上。一切都显得那么神奇，加法仿佛成了化腐朽为神奇的万能药水。但是最近发生的一次培训让小安发现，加法固然有用，但有时，减法也是非常有必要的。

这次培训是公司品牌部门的一位品宣经理凌经理，给大家讲授微信文章的写作技巧。也许是因为凌经理曾经做过很长时间的UI（用户界面）设计师，PPT做得特别漂亮，有丰富的颜色、炫酷的动画以及各种切换效果等。看得出，凌经理当初一定也是一名优秀的UI设计师。

小安也参加了这次培训。作为一名培训管理者，他几乎所有的培训都会参加。他也把这种学习机会当作培训管理者的福利。凌经理讲得很好，小安听得很认真，尽管有那么几次，小安觉得自己好像溜号了。

在凌经理的课程结束后，大家都还因为凌经理的PPT制作得漂亮而赞不绝口。在课后的评估中，大家也对凌经理的PPT赞赏有加，PPT的颜值很高等评价不绝于耳。但是，小安隐隐觉得哪里不太对劲。

过了一段时间，不但小安发现了，就连小安的领导刘经理和业务部门领导也发现了参加这次培训的学员人数不少，给的评价也很高，但是好像培训并没有产生什么明显的效果，经常撰写微信文章的几位学员的水平也并没有提高多少。就好像凌经理不曾做过培训，或者，凌经理漂亮的PPT只是曾经挂在过那里一样。小安毕竟是培训管理者，是要对培训课程产生的效果负责的，所以小安准备找参加过这个课程的学员聊聊。

"你好，上次凌经理的课程你参加了吗？感觉怎么样？有收获吗？"小安在公司电梯里正好碰到了上次凌经理课上的一位学员，想听听她的反馈。

"挺不错的，PPT做得特别漂亮，讲得也好。"学员显然很满意。

"这个课程是讲怎么写微信文章的，你觉得哪个点对你最有用？"小安追问道。

"这个……过去一段时间了，我也记不太清楚了，好像都挺有用的。"学员的确想不起来什么了，所以给了一个模糊的回答。

小安突然觉得一定出了问题，因为连他自己也不记得凌经理都讲了什么，只记得那天的PPT配色很好看，动画飘来飘去的。小安又问了其他几位同事，除了一个人还依稀记得一些内容，其他人都想不起来了。

小安想和凌经理一起商量下原因，但是又觉得没想清楚要说什么，所以他回到了自己的工位上，把凌经理当时的课程录像打开，看了起来。镜头是正对着讲台拍的。小安一会儿盯着屏幕，一会儿盯着站在讲台上的凌经理。小安发现，凌经理讲得真不错，PPT也真的很好看。页面上各种色彩和动画，非常吸引人。

突然，小安明白了。

在培训课堂上，投影出来的PPT的确很重要，但是作为讲述者的凌经理显然更重要，因为PPT只是辅助演示，最重要的还是凌经理说了什么。

可是凌经理的PPT做得太漂亮了，而且每页基本都有动画，页面的切换也有动画，所以屏幕上的任何变化都会让大家分心，导致大家无法全神贯注地听凌经理讲。漂亮的PPT就如同完美的花瓶，让人忘记了插在花瓶里的花朵的芬芳，这也许就是凌经理讲的内容被忽视，大家只记得漂亮的PPT的原因。

"凌经理，我有个主意，想和你沟通一下。"小安走到了凌经理的工位旁。

小安与凌经理开始提炼内容的"切磋"。他们从目标学员所需开始，考虑学员的学习时长、认知负荷、学习喜好，以及内容的难易程度。经过反复琢磨，他们终于把课程内容精减到一个较合理的状态。

几天后，第二场微信文章写作的培训开始了。这一次，小安在评估表上看到，虽然还有人评价讲师的PPT做得不错，但更多人的评价是，学到了微信文章的写作技巧等。所以，PPT做得再炫酷、再吸引眼球，如果没有含金量的内容，也是不足以让学员信服的。

没过多久，业务部门的领导和小安的领导刘经理也觉得通过这次培训看到了效果。

小安再一次解决了这个问题。刘经理问小安："小安，这一次你们是怎么做到的？"

"去掉颜色，去掉动画，精进内容。"小安和凌经理异口同声地答道。

"当然，在没有必要保留的情况下。"小安补充道。

"哈哈哈！"凌经理大笑起来。

这一次，小安又学会了减法，因为页面中大量的颜色会让学员难以识别，而且又增加了在投影仪下偏色的风险。大量的动画和页面切换在吸引学员注意力的同时，就会忽视讲师口述的内容。所以，如果不是页面表达需要的话，则尽量不要添加动画。

另外，小安还去掉了很多字体，只使用了两种字体。对大量页面，都改成了浅色底、深色字。凌经理觉得这样也节省了他大量时间。

显然，这次小安的减法做对了。

经过这个过程，小安意识到除了内容选择和逻辑编排外，课程内容还需要进一步组织优化，去粗留精。

（1）找出所制作的PPT和课程大纲的对应关系。

（2）对全课程进行模拟分析，检查PPT是否存在短缺、重复。

（3）删除那些与解决问题没有直接联系的理论、方法、形式等。

（4）去掉重复的页面，并补充制作短缺的页面。

（5）再次系统地对全课程内容进行组织、梳理和优化。

14

因材施教，有的放矢：必须知道的成人学习原理几乎每一个培训管理者都这样吐槽过："现在的人，真是越来越不爱学习了。"成人不同于未成年人，是一个非常特殊的群体，他们对课程的要求除了有足够的干货，还应该结合成人学习的喜好，通过一定的教学方法来引导。

在AID模型中，课程内容是驱动学员学习的基础，而教学方法设计是"价值杠杆"。好的教学方法能够更好地发挥课程内容的价值，起到事半功倍的效果。然而，AID模型强调，必须在确保课程内容和逻辑都基本到位的情况下，才有'必要'展开教学方法设计，以便最大限度地避免无效劳动。

在掌握如何进行教学方法设计之前，必须理解成人学习原理。成人学习原理是进行教学方法设计和选择的科学基础。只有深刻理解成人的学习特点、偏好、原则等，才能理解为什么要用教学方法，教学方法的作用是什么，哪些教学方法在什么样的情景下是有效的。

没有人会反对学习，学习却很难如期参加

小安今天一上班就收到了徒弟小曹的邀请，今天是小曹入职以来组织的第一场培训，听说小曹为了此次培训前前后后忙碌了一个月。从授课讲师的选择到培训场地的布置，都是小曹精心安排的。培训开始后，小安却发现到场的人数和预期有很大差距。尽管这是一场内容极为有价值的培训，讲师也讲得深入浅出，但大部分学员都在玩手机。

培训结束后，看到小曹沮丧地坐在教室后面，小安急忙上前询问其原因。小曹委屈地说："因为学员在现场的学习状态不好，就说我培训内容的选择有问题。因为参加的人不多，就说我组织得不好。不管是哪种情

况，最后都会导致培训的预期大打折扣。课后我调研了几个学员，得到的答案无外乎两个结果，不是没兴趣，就是没时间。这让我以后的培训工作如何开展？"

小安听后安慰小曹说："我非常理解你现在的心情，越在这种情况下越要沉住气，要从根上找原因。首先要清楚学员参训的常见原因，一是工作调动，二是人事变更，三是绩效低下。而每个优秀的培训从业者无时无刻不在思考三个问题：一是，如何组织一次颇有成效的培训；二是，如何让员工通过培训得到提高；三是，如何让企业的付出得到回报。从这个角度出发，也就知道为什么有些员工会拒绝培训了。

"员工对培训持反感和排斥态度的主要抗拒点有可能在于：

"第一，过多占用休息时间。如果要让员工无后顾之忧、精神饱满地进入培训教室，就要尽量以尊重员工私生活、休闲生活的原则来开展培训。

"第二，培训不是员工所需要的。要结合员工个人职业发展规划与组织目标，确定给员工最需要的培训。

"第三，培训方式沉闷乏味。可以根据培训内容，引入灵活多样的培训方式，如角色扮演、情景模拟、沙盘演练等，从而更好地阐明课程内容并调动员工的参与度。

"第四，培训后缺乏实践的机会。可以为员工创造将知识转化为生产力的机会。

"第五，缺乏激励机制。可以利用企业内刊宣传培训的重要性，给参与培训的员工颁发证书，调动员工的积极性，组织员工讨论培训心得体会，让参与培训的业务专家担当讲师，检验其培训效果等。

"所以，作为一名培训从业者，不仅要做好培训，还要注意培训文化的建设。例如：

"营造积极上进、努力学习的气氛。这主要体现在帮助员工进行职业生涯规划，尽可能帮助员工与岗位所需的能力相匹配。

"营造尊重知识、尊重人才的环境。要让员工意识到学习是有重要价值的。

"采用多种学习方式，搭建学习的平台。这主要体现在定期召开经验交流会，开展各种讲座，举办各种培训班，经常开展拓展训练，组织到实地参观访问等。

"与外界建立良好的合作关系，如与供应商之间保持密切的联系，与培训公司和高校合作，与行业协会保持联系，听取客户的声音等。

"如果能做到这些，我相信你的培训工作一定会卓有成效。"

听完小安这一席话，小曹若有所思地点点头。

为了帮助小曹更好地解决这个难题，小安统计了公司近年来举办的每一场培训。通过分析各种培训活动数据小安发现，要想组织好一场培训，需要注意以下几点：

（1）合理安排单训、轮训和复训。单训是指一年内只举行一次的培训。这种培训往往比较重要，所以一定要提前至少一个月通知学员和讲师，并确保他们收到开课的信息。在课程即将开始的前一周，还应该特意提醒一下。轮训是指一年中同样的内容会举行多次的培训，通常是常规性的培训。如果学员因为工作安排而请假是可以接受的，但必须告知下次轮训的时间，以保证学员在一年内至少参加一次轮训。复训和轮训非常类似，但是在时间上并不固定，一般有复训的需求或者有新的内容需要更新的时候才会进行。例如，很多资格认证的培训，需要每隔两年复训一次，或者学员在上次培训中没有达到课程目标要求，也可以及时组织复训。

（2）合理控制学员的数量和质量，有的时候少就是多。考虑到边际成本递减以及分摊高昂的培训成本（尤其是从外部购买昂贵课程的时候），很多培训管理者会倾向于邀请尽可能多的学员来参加。但这种好心往往办了"坏事"。为了保证每场培训的效果，组织会根据培训的内容和形式，设置一个适合参训的人数范围，所以盲目地扩大学员人数则会适得其反。

一般来讲，如果学员人数在20人左右，则采用小班授课效果是比较好的，最多不要超过30人。如果学员人数在50人以上，而且还非常重视互动，那么这种培训就是灾难。对于简单的讲座，在大教室里安排上百人也不是什么大问题。如果是线上课程，则完全没有数量限制。所以，学员数量应该与课程的内容和形式相匹配。

除此之外，也必须考虑学员的质量。尤其是线下课程，哪怕只有10个精准学员到场，也比10个精准学员和10个围观学员带来的培训效果好，因为培训需要有团队学习的氛围。如果学员参与的培训课程并不是他们所真正关心的，他们有可能碍于面子，勉为其难地留下，但是或多或少都会影响那些认真学习该课程的学员的学习状态。这个时候，学员到场的质量比到场的数量重要得多。

（3）合理安排培训时间、时长和频率。在组织培训时，合理安排培训时间是增强培训效果的重要手段。如果是非常重要且必须全员参加的培训，则可以安排在周一上午，大家最集中的时候。如果不是特别重要的培训，安排在周一和周五就不太适合，因为周一的会议最多，周五最为繁忙，因为一周的工作要收尾，所以很多培训管理者会把培训安排在周三，或者按照过往的经验，安排在学员都不会太忙的时候。

培训安排在上午还是下午也是有考量的。安排在上午，授课时间是3小时左右，学员的状态往往较好，适合安排一些理论较多或者难度较大的培训。但有时候要避免学员一上午都用来培训，而耽误了工作，尤其是有需要和其他部门协作的工作。如果安排在下午，往往会有4~5小时更加充裕的时间。但是下午的1—3点是最难熬的，这个时候要多安排一些轻松活泼的内容，同样，到了下午的5—6点，因为临近下班时间，学员又来了精神，可以安排一些难度较大的学习任务。如果真的要持续到晚饭时间，准备一定数量的茶歇也是必不可少的。如果是比较容易超时的培训，则可以安排在午餐或者晚餐开始前1~2小时，这样因为有午餐和晚餐的原因，往往培训出现拖堂的可能性就大大降低了。

培训的时长也是一个需要综合考虑的问题。一般来讲，一小时的培训是比较短暂的，往往还没有讲什么内容就结束了。一天8小时的培训，除非有特殊要求，否则不建议组织，因为一天的学习往往会让学员头昏脑涨。实践证明，2~4小时的培训是比较合适的，时间不长也不短，学习起来的压力也不会太大。如果一个课程的确需要很多时间，且课程内容的结构没有较强的联系，分段式培训或许是个不错的主意。

另外，需要考虑的是培训的频率。一般来讲，除非是特别专业化的企业大学，保证学员一周左右有一次2~4小时的培训，这已经是比较紧凑的培训安排了。除新员工外，一年人均有50~100个培训学时，已经是非常可观的数据了。

小安惊喜地发现，按照这样的规律去组织培训，大家都更愿意参与培训了，于是赶紧将自己的观察结果分享给徒弟小曹。

小曹依据小安的建议又组织了一次培训，课程评估结果得到了一致好评。业务方领导也对小曹竖起了大拇指："这次组织的培训真的很不错，让大家在轻松愉悦的氛围下就把知识学到了，而且记忆深刻，给你点赞。"开心的小曹一结束培训就迫不及待地给小安打了个电话，分享了他的喜悦，同时真诚地感谢了小安。

到了晚上，小安思考着自己的分析结果以及小曹的成功应用，总结出了这样一句话：没有人反对学习，只是成人的学习方式和过去在学校里的不同了，我们需要遵循成人学习的特点和规律去开发课程。

那么，成人学习到底有什么样的特点和规律？对我们的课程设计与开发又有什么启发？小安决定明天回一趟自己的大学母校，请教一下在大学研究成人教育的钱教授。

第二天一早，小安来到钱教授办公室的门前，敲了敲门，轻声问道："钱教授，您好，我是您的学生，有个困惑想请教您。您现在方便吗？"看到小安，钱教授先是愣了一下，然后热情邀请小安进来。在得知小安的困惑后，钱教授语重心长地说："要回答你这个问题，我得先跟你讲一个故事……"

从第二次世界大战后解甲归田的美国大兵说起

第二次世界大战绝对是20世纪人类的一场浩劫，无数鲜活生命和物质文明毁于一旦。战争毁掉的不仅仅是生命，还深深地影响了一代人。当战争结束，尘埃落定，再无战事，无数军人解甲归田，他们该如何安排自己后面的生活？

有些国家的军人变成平民后，还是有事情可做的，如清扫战争的残垣，恢复经济生产等。美国是第二次世界大战中一个非常特殊的国家，本土几乎没遭到任何破坏，经济产能又因为战争的原因急速扩张。而现在战争结束了，不再需要那么多军人打仗，不再需要那么多工人生产军需物资，那么这些人的安置就成了一个大问题。

工人们还好说，起码还有一门手艺可以养家糊口，而军人们就很难办了。因为战争，他们中的很多人都没有经过良好的教育，军队中学会的技能又不能直接用于生产生活，也没那么多安保岗位可以应聘，靠什么来养活自己？而且他们经历过战争的创伤，见识过杀戮，美国又是一个允许公民持枪的国家，想想都会觉得，当时的美国社会又会增加多少不安因素，又有多少退伍军人喝得酩酊大醉，游荡街头。

这个时候，美国政府想到了一种方法，对大量因为战争而失学的成人进行再教育。他们寄希望于通过这种方式，让这些成人重新掌握生活技能，有尊严地活下去。于是，他们找到了马尔科姆·诺尔斯（Malcolm S. Knowles，1913—1997）。

诺尔斯是美国著名成人教育家和世界知名学者，深受国际成人教育界推崇，并获得了"成人教育学的传道者"的美誉。他一生著述丰富，对成人教育理论的发展做出了巨大贡献。

诺尔斯从事青年教育和培训的时间相当早，1935年从哈佛大学毕业后就在马萨诸塞州从事待业青年培训工作。1940年通过波士顿"基督教青年协会"（YMCA）的引荐，诺尔斯成为波士顿市亨廷顿路基督教青年联合会成人教育部的主任。在第二次世界大战后，诺尔斯来到芝加哥担任基督教青年会本部成人教育负责人，并在芝加哥大学进修成人教育课程，1951年任美国成人教育协会执行理事。[①]

诺尔斯在长期的成人教育实践中，积极进行成人教育理论研究。他在很早的时候就提出了成人教育应成为专门的研究领域。他在工作中发现，针对成人教育，往往在对象、内容上要具有灵活性，与社会紧密联系，故在实施方法上不同于普通教育。

在欧洲成人教育理论的影响下，诺尔斯提出了"成人教育学"理论，其实践经验及理论研究中的成就在西方成人教育界中相当具有影响，被视为进步主义成人教育派的代表。其中最著名的一本关于成人教育理论的著作是《成人学习者：被忽略的群落》（*The Adult Leaner：A Neglected Species*），书中对成人学习的特点进行了深刻总结。他在书中明确提出了成人学习的九个特点（原理），并对其中的一些关键原理进行了较详细的解释：

（1）学员需要知道学习的目的和原因。

（2）学员感觉有现实或迫切的需要才会去学。

（3）学员对学习内容的实用性和结果尤其关注。

（4）学员乐意表达个人意见，使人感受其存在价值。

（5）学员拥有丰富的经验，喜欢将新知识与已有的经验做比较。原

---

① 何光全 . 国外成人及继续教育学者：马尔科姆·诺尔斯 [J]. 成人教育 , 2012(12):1.

有知识和经验对成人学习有着双重意义。原有知识和经验有助于对现有学习内容的理解和把握，但也可能使原有知识和经验成为进一步学习的障碍。成人对学习内容的选择主要受两个因素影响：一是对学习中所渗透观点的接受，二是学员现有价值观念的制约。一旦学习内容与学员所持有的既有价值观发生冲突，则不管所要学习的内容是否科学、是否有很好的社会功效，学员或多或少都会做出心理抵抗。

（6）学员喜欢按自己的方式和进度学习，期望知道效果。典型应用之一：自我指导式学习（Self-directed Learning，SDL），将灵活性与取舍性的原则结合起来，鼓励人们按照适合自己的方法达到学习目的。自我指导式学习需要遵循的原则有：

- 把学员视为他们自己学习过程的责任人和管理者，整合了自我管理（情绪管理，包括社会背景、资源和行为）和自我控制（学员监控、评价和调整其认知学习策略的过程）；

- 强调动机和意志对发起和维持学员努力方面的重要性；

- 学习的控制最好从培训讲师逐渐转移到学员；

- 培训讲师通过使学习"显性化"辅助学员学习，他们示范学习策略并和学员一起学习，以便学员形成独立运用这些策略的能力；

- 发展某一特定领域的知识，同时更注重培训迁移概念化知识到新场景中的能力。

培训课程的设计者未必理解什么是真正的自我指导式学习，但是很多时候，我们都无法否认一个事实，即很多东西即使我们不知道其底层逻辑，也能学会。自我指导式学习的益处主要表现在，激发学习动力，提高对改变的适应能力，提高学习灵活性，接近成人的学习方式，更易于了解学习效果，在适合的环境下更节省成本等。对培训管理者的额外要求就是成为资源专家，而不仅仅是授课专家。完全依靠员工的自我指导是不现实的，应将讲师指导与自我指导结合起来。

（7）年纪越大，对于复杂动作的协调性越差。

（8）在轻松、愉悦和友爱的环境下，学习效果会更好。

（9）节奏和进度的掌握影响整体效果，易产生精神疲倦。

诺尔斯的这九个成人学习特点对企业培训产生了深远影响。人们终于意识到，在针对成人的培训中，只靠单向的信息传输已经行不通。有人做了一个生动的比喻，未成年人就如同一张洁白无瑕的画布，你可以传递任何知识，也就是在这张画布上画出任何你觉得重要的内容；但是成人这张画布并不是空白的，甚至已经被画满，这时要想找到一块没有被填满的空白非常困难，好不容易找到并画上新的内容后，又可能出现与原有风格不符的情况，甚至可能被擦掉。这就是成人学习与未成年人学习的区别。

哈罗德在《交互式培训》中，也明确提出了成人学习的四大原则[1]（见表14-1）。

表 14-1　成人学习的四大原则

原则	释义
自愿	成人学员必须真正参与并努力学习
自主	成人学员必须了解他们能够立刻成功地应用所学内容
经验	成人学员要了解学习给他们带来的实际意义，才能打开思维，接受知识
行动	成人学员并非可以随意灌输知识的空罐子，只有当学习内容和活动与他们已有的知识和经验相结合，并且符合其理解水平时，才能达到最佳的学习效果

[1]　哈罗德·D.斯托洛维奇，艾瑞卡·J.吉普斯.交互式培训.北京：企业管理出版社，2012.

成人学习的喜好

钱教授的故事给了小安很大启发。从钱教授那里回来以后，小安感觉茅塞顿开，原来组织好一场培训并不是一件简单的事情，它背后的底层逻辑和方法都是值得去探索和研究的。接下来，应该如何结合成人学习的特点和规律去开发课程呢？小安发现，比起学历教育阶段相对单一的教学手段来讲，成人往往对学习中使用的教学方法的要求更高，而且这种要求加入了浓重的自主意识。在《交互式培训》中提到了成人对不同培训方式的喜好，如图14-1所示。

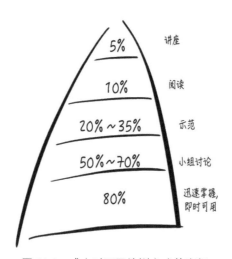

图 14-1　成人对不同培训方式的喜好

从图14-1中可以看到，对我们学习时司空见惯的讲座和阅读，居然喜欢的人最少。讲座得分低，是因为完全是讲师单向的信息输出。阅读得分偏高，是因为成人可以自己掌握阅读的速度和进度。示范的得分更高一些，是因为示范具有视觉冲击的表现形式，所以更受大家欢迎。小组讨论占了50%～70%，是因为成人乐于发表自己的意见，也愿意从其他人身上学习，这是符合成人学习特点的。

而最后一种方式"迅速掌握，即时可用"，已经不再属于教学设计的范畴，说明成人对学习的高效性和实用性要求非常高。这个要求类似于现在提倡的"USB"学习，即学习知识的时候，如同一台电脑上插入了USB设备，各种各样的知识都通过统一的接口接入，不用再装任何软件和任何操作系统，而且容量可以随意扩充。

成人对不同培训方式的喜好对课程的设计和开发提出了更高的要求。假设常规条件下，某个知识点可以用一小时讲清楚，但是如果要求在30分钟内讲清楚，难度就大了不少，如果要求在10分钟内讲清楚，难度就非常大了。这就是成人对学习课程设计的最高要求，纵然很难达到，也要努力去实现。

不仅如此，不同的学习动作、不同的参与水平和不同的培训方式对培训效果的影响也有差异，如表14-2所示。（这里的百分比是相对值，10%为最低，90%为最高，不代表90%就意味着学习内容的90%都掌握了。）

表 14-2　不同学习动作、参与水平和培训方式对培训效果的影响

学习动作	参与水平	培训方式	培训效果
读过	文字感受	读书	10%
听过	听觉感受	听音频	20%
看过	视觉感受	看表格 / 图片	30%
		看电影 / 录像	
读过、听过和看过		看示范	50%
说过	感受并参与	参与讨论	70%
		交流	
说过和做过	操作	参加角色扮演	90%
		模拟练习 / 实践	
		实际操作	

从中小安发现，在培训喜好中排名倒数第二的阅读，在培训效果中反而排名倒数第一，排名倒数第一的讲座反而倒数第二。这也许是因为在学习并不深入的时候，主动阅读的效果和进度，没有被动倾听的效果和进度好（国内主流的罗辑思维和樊登读书会，都是以听书而著称的）。

表格/图片以及电影/录像等视觉感受的方式，因为可以一次传达丰富的信息，让学员喜闻乐见，所以效果会更好，而现场示范，更会展示出不容易被留意到的细节，因为现场示范可以就某个细节重复演示。

参与讨论和交流的效果更好的原因是，成人喜欢表达自己的意见和向别人学习。讲师这个时候唯一要注意的就是，控制讨论的议题和交流的时间，避免无效的长期讨论。

最后的角色扮演、模拟练习/实践和实际操作，给了成人学习最佳的学习体验，因为不但充满了乐趣，而且亲自动手，体会到了理论结合实际的妙处。

这不就是老话常说的，"听听而已，很快遗忘；仔细去看，就能记住；亲自动手，心领神会"。小安心想，现在有了这么多丰富的教学手段，再结合成人学习原理，一定能够极大地释放学员的潜力。但是，随之而来的是另 个难题，在企业内部培训往往都是1~2小时，如果在丰富教学手段、保证最好培训效果的情况下，恐怕就要变成2~6小时了，这种情况是不太容易被公司接受的。

"这该如何是好？"小安带着这个疑问回到了家。女友小曼已经早早做好了饭菜在家等待着。小安一边吃饭，一边把今天发生的事情和自己的困惑讲给小曼听。"你为何不把庞大的课程拆成几次来进行？这样每次只需讲清楚一个点，下次再安排一个新的学习项目。"小曼提醒道。

"对呀，这也许是比较合理的选择，也符合成人的学习习惯，做到随需而变。"小安开心地一把抱住小曼。

吃过晚饭，小安舒服地躺在床上刷着手机。这时一个论坛帖子的标题一下子吸引了小安。

"学习到底是痛苦的，还是快乐的？"

这两个观点在培训界一直都有各自的支持者。主张学习是痛苦的支持者的主要观点是，学习本来就是探索未知领域，挑战盲区的过程，所以一定不会太轻松，甚至会很艰难，身心都会有巨大的压力。主张学习是快乐的支持者的主要观点是，学习就是一个自我提升的过程，寓教于乐是很重要的，这样才能让人更好地持续学习。

这两个观点彼此之间不矛盾，学习本来就是有苦有乐的。重要的是，保持变化的学习节奏。"一张一弛，文武之道"说的就是这个道理。无论是企业讲师、培训管理者，还是职业讲师，都有必要回顾一下自己的课程，是过于紧张，还是娱乐至上，抑或是疏密得当。也许，每个人都会有自己的答案，有新的感悟。于是，小安在这篇帖子下面回复了一句话：

"在这个世界上，没有绝对的对与错，只有相对的取和舍。"

15

聚焦目标，直戳效果：设计精准的学习目标

在了解成人学习特点后，小安对课程设计与开发的质量有了更高的要求。基于成人学习特点的第一条和第三条，学员在真正投入学习之前需要知道学习的目的和原因并且对学习内容的实用性和结果尤其关注。因此，小安认为在采用教学方法之前，还要明确为何要学习这些内容以及期望达成的效果，也就是要厘清每个模块和单元的学习目标。

学习目标是开展各项教学活动的基础，它为学习内容的设计、教学策略和方法的选择提供了依据。另外，学习目标还为未来学员的学习成果的测量提供了参考标准，是评价教学质量和效果的准则[1]。

框定学习目标，使之标准化

今天公司二楼的会议室格外热闹，里面不断传来阵阵掌声。小安从窗户外往里看，发现是凌经理正拿着上次修改后的PPT给同事们做分享。于是，小安悄悄地从会议室后门走了进去。凌经理讲得非常投入，从开场导入到大篇幅课程内容的讲解举例，再到炫酷的PPT，现场在座的二十多位同事都听得频频点头。

小安起初听起来感觉还是很不错的，但听着听着感觉好像哪里不对劲。小安发现，凌经理每个章节所要表达的学习目标还是不够聚焦，有时多个模块才可以澄清一个目标，有时举了好几个例子才说明一个道理。小安越听越觉得这样的讲解会令学员糊涂。培训结束后，凌经理为了迭代PPT，还分发了课程评估表让听课的同事给他一些评价。同事们填写完课程评估表后陆续离开了会议室。凌经理兴致盎然地走到小安面前，说："感觉怎样？是不是很好？"

---

[1] 王楠，崔连斌，刘洪沛．学习设计 [M]．北京：北京大学出版社，2013.

小安回应道："整体挺好的，但我还是想看看同事们的反馈。"

"我们一起看一下大家的反馈。"凌经理的脸上略显惊讶。

小安和凌经理将厚厚一沓课程评估表拿在手里不停地翻阅着，结果发现有些同事还是给出了不一样的反馈："课程内容很好，也很实用，只是有些啰唆。""有的内容到底要让我们学习什么、理解什么还是有些没听懂……""第二部分要我们练习什么有些模糊……"诸如此类。看到这里，凌经理的脸色有些难看，感叹道："这个PPT的内容是我非常用心地打磨过的，关键内容都放进去了。他们居然说没听太清楚。太令人难过了。"小安看着手里的课程评估表，心里却想着课程大纲的各个模块或单元都没有对应的学习目标。如果每个模块或单元的目标都很聚焦，怎么还会出现学员听不懂、学不会、目标模糊的情况？

"小安，你在想什么？"凌经理看着小安，问道。

"我在想你刚才讲的课程。如果把每个章节的目标都聚焦，学员是不是就不会有这样的反馈了？"小安对凌经理说。

"怎么聚焦课程模块和单元的目标？"凌经理迫不及待地问。

"我曾经在《学习设计》一书中看到，阿姆斯特朗（Armstrong）和塞维吉（Savage）提出利用与学习目标相关的四个要素来阐述学习目标。这四个要素分别为教学对象（Audience）、行为（Behavior）、条件（Condition）和标准（Degree），也被称为ABCD法[1]。根据这个理论，凌经理如果能在PPT中描述清楚每个章节学员能做到什么，在什么样的条件下达到什么样的标准，就可以在讲解时精准地把每个章节的学习目标传递

---

[1] 王楠，崔连斌，刘洪沛. 学习设计 [M]. 北京：北京大学出版社，2013.

给学员了。例如，我们提供若干饺子馅、饺子皮和工具，让学员在5分钟内包10个水饺。这里就包括ABCD四个要素。"小安边讲，边做着手势。

凌经理没听懂，请小安帮忙在课程大纲上进行修改。小安利用ABCD法一边给凌经理修改课程大纲，一边讲解：

"A—对象（Audience），即'谁'

"学习目标的表述中应该明确指出目标所指向的对象，如'销售代表''Java工程师'等。因为学习目标描述的是学员的行为，规范的目标开头应是'学员应该……'，而不是陈述讲师的行为。

"B—行为（Behavior），即'做什么'

"行为表明，学员通过学习后能做什么和达到的能力水平，这样讲师才能从学员的行为变化中了解到学习目标是否已经实现。一般情况下，我们使用动宾结构的短语来描述行为，其中动词是一个行为动词，它表明学习的类型（知识、技能或态度）及深浅度。

"C—条件（Conditions），即'什么条件'

"这个要素说明了上述行为是在什么样的条件下产生的，所以在评价学员的学习效果时，也要考虑条件因素。条件因素一般包括环境、设备、时间、信息以及学员或讲师等有关人的因素。

"D—标准（Degree），即'做到什么程度'

"它是指行为完成质量可接受的最低衡量依据。应当以大多数学员在经过必要的努力之后都能做到为行为的标准。因为学员行为表现一般具有很大的差异性，所以为了使学习目标具有可测量性，应该对学员的行为水平进行具体描述。

"如果我们把这四个要素综合在一起，就可以写出一个完整的学习目标了。"

在前面的学习目标的例子（我们提供若干饺子馅、饺子皮和工具，让学员在5分钟内包10个水饺）中，"学员"为教学对象（主体），"包水饺"为行为，"提供若干饺子馅、饺子皮和工具"为条件，"在5分钟内包10个"为标准。

小安一边帮凌经理修改课程大纲，一边反复强调章节模块的学习目标越聚焦越精准，学员掌握得才能越快。为了让凌经理能够更好地理解学习目标，小安又给凌经理介绍了著名的布卢姆学习目标分类学。

布卢姆学习目标分类学

"早在1956年，美国著名的教育家和心理学家布卢姆（Benjamin Bloom）将学习的内容划分为彼此相互关联的三个领域（或类型）：

"认知能力：脑力技巧（Knowledge，知识）。

"运动能力：体力的或行动的能力（Skills，技能）。

"情感/态度：在感觉或情绪方面的成长（Attitude，态度）。

"学习目标就是设定培训中各章节对学员在知识、技能、态度方面的培养上期望达到的程度，它既是选择课程内容的必要前提，也是课程实施与评价的基本出发点。

"学习目标在撰写时除了要遵循ABCD法，还要考虑使用布卢姆学习目标分类学进行分层撰写（分深度撰写）。按照升级后的布卢姆学习目标分类学①，在认知领域可以分为六个由浅入深的层级，它们分别是记忆、理解、应用、分析、评价和创造。其中关于认知领域的目标分类如表15-1所示。

表 15-1　布卢姆认知领域目标分类

学习分类	层次	定义
认知领域	记忆	对信息的回忆
	理解	用自己的语言解释信息
	应用	将知识运用到新的情境中
	分析	将知识分解，找出各部分之间的联系
	评价	根据一定标准进行判断
	创造	将知识各部分重新组合，形成一个新的整体

"在撰写学习目标时，针对B（行为）可以用不同的行为动词代表不同的深度层级：

"（1）记忆（知识）。对学过的知识和有关材料能识别和再现。要求学员做到：确认、定义、配对、指出名称、选择、默写、背诵、描述、标明、列举、说明等。

"（2）理解（领会）。对知识的掌握，能抓住事物的实质，把握材料的意义和中心思想，又可分为转换、解释、推断等层次。要求学员做到：了解事实与原理，解释文字资料，解释图表，转译文字资料为另一种资料形式，验证方法与过程，对所学的内容进行概述，举例说明所学过的问题等。

"（3）应用。把所学的知识应用于新情境。要求学员做到：表现、

---

① 安德森．布卢姆教育目标分类学：分类学视野下的学与教及其测评（修订完整版）．北京：外语教学与研究出版社．2009.

列举、计算、设计、示范、运用、操作、解答问题等。

"（4）分析。将知识进行分解，找出组成的要素，并分析其相互关系及组成原理。要求学员做到：对事物进行具体的分析，能运用图示、叙述理由、举例说明，对复杂事物的各部分能区别、指明、分开、再分，能认出推理上的逻辑错误，区别真正事实与推理，判断事实材料的相关性。例如，划分文章段落，写出段落大意，找出中心思想。

"（5）评价。根据一定的标准对事物给予有价值的判断。要求学员做到：比较分析、评价结果、分辨好坏、指出价值。例如，判断文艺作品成败之处，判断一个调查报告的科学价值。

"（6）创造。与分析相反，是指把各个元素或部分组成新的整体。要求学员做到：联合、组成、创造、计划、归纳、重建、重新安排、总结等。例如，写出一份结构完整的论文提纲，提出一份系统的实验计划或方案等。"

讲到这里，小安注意到课程每个章节的目标差异还是很大的。通常，开场章节更容易吸引学员的注意力，让学员了解基础知识，激发学员的学习动机。中间章节往往需要达到熟练掌握的程度。而目标的选择将决定接下来教学方法的选择，所以还是需要慎重研讨再决定。

凌经理听到这里，感叹道："这里面的信息量好大！原来以为培训并没有什么技术含量，但我听完你说的，发现培训不仅很有技术含量，而且要做好还需要做很多工作。"尽管小安不确定凌经理是否掌握了，但小安相信凌经理已经有了努力的方向。

16

开门见山，引人入胜：如何进行开场设计

俗话说，万事开头难。对于课程设计与开发来讲，也是这样的。一名讲师如果能在开场的3分钟内吸引到学员的注意力，整个课程就成功了一半。有的讲师喜欢在开场的时候安排一个热身的小游戏，有的喜欢讲故事、放视频。那么，课程开场的意义是什么？如何才能做一个有效的开场？

看电影，学开场

与凌经理梳理完整个课程大纲以及后续需要优化的内容后，已经到了下班时间，这时小安收到了一条微信，是小安的女朋友小曼发来的。

"别忘了今天晚上一起去看电影，最新的《碟中谍5》，7点半，电影院见。"

"好的，一会儿见！"小安赶紧收拾好背包离开了公司。

小安来到电影院，和女友碰头后买了爆米花，就入场等待电影开始了。今天的电影格外精彩，影片开始后前3分钟的对手戏就让小安热血沸腾。整整两个多小时的电影，精彩场面层出不穷。小安全程都没有怎么眨过眼。

从电影院出来后，小安边吃着剩下的爆米花，边和女友聊着电影里的剧情。小安突然想到，一部好电影是一种艺术上的享受，那么培训是不是也能做到像电影一样精彩？可不可以把电影中的呈现技巧应用到培训里？

例如，电影《拯救大兵瑞恩》开场就对战火纷飞的场面进行特写，让大家一开始就对主人公的命运忧心忡忡。如果在培训，开场时我也能给大家讲一个场景，或者一个和课程内容相关的案例，并对这个案例像特写镜头一样进行剖析，那么这将是一个非常精彩的开场。

又如，电影《申冤人》开场的第一句话："人生最重要的两天就是你出生的那天和你明白自己为何出生的那天。——马克·吐温。"当看到这句话的时候，小安就对这个电影产生了巨大的兴趣。那么，培训是否也可以以名人名言开场呢？

除此之外，电影本身也是一个很好的素材。可以将其中最精彩的部分，用在培训中作为开场。

"看来，以后可以用学习的借口多看电影了。"想到这里，小安不禁笑出了声。

培训开场原来可以如此不凡

第二天，小安早早来到公司，并给自己定了一个小目标，就是从自己已有的PPT里寻找灵感，看看有哪些开场绝招。昨天晚上小安已经想到了四种，包括讲故事、案例特写、名人名言和巧用视频。

除此以外，还有哪些开场方法呢？

小安打开第一份PPT，即上次在公司内部培训过的"时间管理"，这门课程的开场用的是一份评测问卷。小安回忆起那天的课程开场，所有人都认真地填写问卷，并且想知道自己的得分，了解自己目前时间管理的能力。看来，评测也是一个很好的开场方式。

小安又打开了几份公司内部使用且专业性强的PPT，其中一份是针对行业动态趋势的PPT，开篇引用的是一段专业的行业数据；还有一份PPT的内容是关于广告法的，开篇引用的是一段国家政策法规的公文。小安发现，对于这种专业类培训，引经据典是很常用的一种做法。因为这类课程的培训对象就是专业人士，他们更看重内容的权威性和准确性。

小安把电脑文件夹里的PPT都看了一遍，发现大家用的培训开场五花八门。除了上面提到的，还有用幽默图片的；还有在自我介绍中拿自己举例子的；还有提出了一个引人思考的问题，然后给出了答案，再用倒叙的方式讲述这个答案是如何一步一步得到的；还有提出了一个大家都会关心的问题，吊足了胃口，却没有及时给出答案，把解答留在了后续课程中的。更有意思的是，有一份PPT的开场只有一句："你对今天课程的期待是什么？"

经过一上午的研究，小安对课程开场的方法做了一个总结：

第一类，利用视觉的艺术。例如，利用演示、图片、视频、一个实物的模型等，这种开场可以在第一时间给予学员充满视觉感官的刺激。

第二类，利用听觉的艺术。不管是名人名言、自嘲、一个故事或者一个笑话，哪怕是一段录音，都能有效地吸引学员。

第三类，引发大脑深入思考。例如，典型的案例、有针对性的提问、一个惊人的事实，以及一个推导起来自相矛盾的悖论等。

第四类，开场即建立课程的专业性。例如，评测、专业数据、专业图标、政策法规的引用等，这些都可以显著提高课程的专业性。

第五类，以游戏开场，让大家全身心投入进来。

小安发现，这些方法并不是彼此独立的，多数开场都同时使用了上述多种方法。例如，展示一张核心的数据报表，同时把其中的重要数字都标红、加粗、放大字号，然后播放一段某位业内专家的语音，这段语音恰好是对这张数据报表的解读，最后再提问学员看到数字以及听到解读后的感受。这样的开场就同时使用了多种开场方法。

一个好的开场也不是使用的方法越多越好，因为这样的开场对讲师来说难度较大，而且如果开场的时间太长，又会显得节奏拖沓。适当的铺垫能够起到引人入胜的效果，开场的目的达到即可。只要和课程主题相关，并且做到了感官刺激、引发思考、彰显专业这三点，就一定是一个精彩的开场。

课程开场方法总结

一个成功的开场可以达到拉近距离、建立信任、营造氛围、引发兴趣的目的。开场的最终目的是为培训主题服务，所以开场一定要与主题相关。同时，开场要考虑学员的特性，是基层员工、中层主管，还是高管，因为对不同的学员应该使用不同的开场方法。另外，讲师的风格各不相同，在设计开场时要考虑讲师的特征。例如，学术型和幽默型都有不同的开场方法。开场方法有引文法、利益法、故事法、案例法、游戏法等，每种方法的详细信息如表16-1所示。

表 16-1 课程开场方法

方法	目的	措施	备注
引文法	增加说服力	引用新闻、名言、典故	
利益法	引发积极性	让学员看到培训对自己的帮助	人的本性是趋利避害的，愿意追寻对自己有利的事情，避免让自己痛苦的事情

续表

方法	目的	措施	备注
故事法	增加趣味性，引起好奇心	倒叙法：将故事中的某部分（如体现培训主题的或有悬念的）提前，以引发兴趣	故事是人处理信息最自然的形式，用故事可以抓住学员的注意力，同时使内容变得更容易理解和记忆。注意，所讲故事要与培训主题相关，新颖且合理
	拉近距离	共鸣法：引用能与学员产生共鸣的故事	
	亲切，有说服力	现身说法：讲自己曾经亲身经历过的故事	
	更加直观、生动	视听法：讲故事的同时，配上恰当的图片、视频、音乐等	
案例法	引起共鸣，营造氛围，增加说服力	选取与培训主题相关、典型、能引起共鸣的案例	案例是真实发生的事件。案例法既可以用在开场时，也可以在课程进行过程中随时使用
游戏法	寓教于乐，增加参与性	游戏的设置要与主题相关；要有正确的定位，即游戏的目的是什么；在游戏过程中要有效管理，包括控场与控制时间；同时游戏要有新意	避免过分娱乐、喧宾夺主

17

文武之道，一张一弛：让你的课堂不再枯燥

我们提起课堂，自然会联想到学生时代的授课情景：一位老师拿着粉笔在黑板上书写着，学生坐在下面认真地听着。如果成人的培训课堂也这样，从头到尾都只是讲师在讲，学员在听，想一下就能感受到这是何等枯燥。因此，为课程增加合适的教学设计是非常必要的，让学员参与进来主动接受培训，除了"听"还能"做"，让讲师用不同的方法呈现教学内容，除了"讲"还能"导"，同时获得更多的休息时间。无论是从学员还是从讲师的角度，这样做都会获得很好的效果。

那么，在课程设计与开发过程中，教学设计会面临哪些问题？又该如何设计呢？

久违了的"一言堂"

随着小安的培训工作做得越来越有成效，公司不仅给小安涨了薪，同时落到小安身上的担子也更重了。今天刘经理给小安安排了一个新任务，公司前段时间组建了一个新的销售部门，希望小安能够负责这个新部门的培训管理工作。想到自己能力的突飞猛进，小安有些膨胀，愉快地接受了这个任务。

万万没想到，第一次组织这个新部门的培训，旁听课程的小安，就皱起了眉头，他实在是听不下去了……

这是一场关于提高销售业绩的培训，主讲老师是新来的销售副总徐丽。徐丽有非常丰富的销售经验，但是对培训并不是特别在行。刚开课不久，小安就发现好几个人把手放在膝盖上悄悄地玩手机，后排有几个人已经开始打瞌睡了。

从小安的位置望过去，有几个人还是在认真听课的，不过那茫然的表情，好像已经麻木了一样。徐丽自己或许也感觉到了，在讲台上满头大汗，越想讲得好就越紧张，越紧张就讲得越快，讲得越快就越紧张。结果原定两小时的培训，只用了不到50分钟就结束了。徐丽也不知道该怎么办，只好宣布下课。

刚宣布完下课，学员如潮水一样离开，只留下了汗流浃背的徐丽和小安。

"你好，小安，我是徐丽，谢谢你帮我组织这场培训。"徐丽主动问好。

"不客气，徐总辛苦了。"小安例行公事地回答。

"小安，你觉得我今天讲得怎么样？我感觉自己好像搞砸了。"徐丽有些不好意思地挠挠头。

"没关系，多练习，下次就好了！"小安安慰道。

"小安，能不能请你帮个忙？我想向你请教关于培训的事情。"徐丽主动发出了邀请。

"徐总，帮忙是没问题的。"小安回答道。

"一会儿在公司前台见。"徐丽擦擦汗，头也不回地走了。

"这是怎么了？"小安摇了摇头，收拾好教室后，就到前台等徐丽。

没过多久，徐丽来了。他换上了一套新的衣服，看来刚才那套是真的湿透了。在楼下的咖啡厅，徐丽和小安各点了杯咖啡。在等咖啡的时候，徐丽主动和小安聊了起来。

"小安，我刚来公司，现在公司销售部的人手也不是很多，我想快点把业务做起来。"徐丽开门见山，"今天下午的培训就是我刚来的第一场培训。不过，我估计搞砸了，你能给我点建议吗？因为下周一还有一场，我可不希望那场再像今天这么尴尬了。"

"徐总，您过虑了，今天下午的确没讲好，不过也没那么糟。其实，您只要在PPT中加入一些教学设计的元素，丰富一下授课的方法，就能获得很好的效果了。"小安安慰徐丽。

"教学设计？是指除了用嘴讲之外，还可以用别的方式来讲？"徐丽问道。

"是的，可以简单理解为这个意思。从今天下午您的现场发挥来看，我觉得您还没有充分发挥讲师作为编剧、导演、演员和影评家这四个角色的作用，最多您只是个演员。"小安说。

"编剧、导演、演员和影评家？我一个人要扮演四个角色？"徐丽突然来了兴趣。

"是的。您刚来公司，今天的PPT是用以前的PPT修改的吧？"小安小心地问。

"是的，是我在上家公司工作的时候做的。我觉得差不多，就一起带过来了。"徐丽有点不好意思地说道。

"所以，今天听完您的课后，我觉得都是干货，但是这个PPT明显不是为这次的培训量身定制的。作为讲师，首先要是一个编剧，能够根据预期的目标和学员的特点做好调研，然后再编写或优化原来的PPT，制作需要分发的材料等。不仅要把关键内容融入PPT中，还要合理安排整堂培训课程的授课内容和授课方式。不仅要使每页的内容紧扣课题，还要考虑在什么时候加入吸引学员注意力的小游戏、案例讨论等。"

"对，我也有这样的感觉，好像今天下午讲的一些内容，的确提不起大家的兴趣。"徐丽边说，边回忆。

"是的。不过我觉得也情有可原，毕竟您刚来就被要求做培训，准备的时间太仓促了，但是我觉得您绝对具有一个好编剧的潜力，能写出各种各样的剧本。另一个就是导演的角色。您发现没有，在课堂上您好像很难要求大家做些什么，也没人和您主动配合。"小安接着说。

"是的，我感觉就像我一个人唱独角戏。我想请某个学员来回答问题，都没有人主动响应我，我只好拿出签到表来点名回答。被点到回答问题的人，还一脸不情愿。"徐丽觉得小安的观察力真好，这都被他发现了。

"所以，如果您不是一个好导演，那么到了片场，您就会对演员失去控制，自然也就很难获得充分的配合。如果说编剧写好了情节框架，那么导演就是为框架赋予艺术生命的人。在培训中，讲师作为一个导演，要能够按照事先编好的流程，准时开场，并思考什么时候给演员梳理关系，也就是学员分组，什么时候提出问题让他们回答，什么时候开展游戏来活跃气氛，什么时候放一段案例来让大家讨论……您要穿插运用各种手段来保证课堂的气氛活跃起来，这样大家才会觉得轻松有趣又有收获，才能积极地配合您。"一说到培训，小安就一肚子的心得体会。

"的确，我觉得自己的剧本没写好，拍戏的时候谁都使唤不动，这个下午真是……"徐丽觉得下午自己的表现真的糟透了。

"其实也还好，可能大家和您还不太熟悉。"小安赶紧转回话题，"当然，您自己也是演员，因为您要用语音、语调、语气、手势、眼神等把课程的内容传达出来，甚至对您的站位都有要求。"

"编剧、导演、演员，这三个我能理解，什么是影评家？"徐丽问道。

"您看电影的时候会看影评吗？"一提起电影，小安就来劲儿了。

"是的，我总看。去看电影前和看电影后都喜欢看看影评，其中有的评价真的挺到位的，文采也好。"很明显，徐丽也是电影迷。

"那么，如果您现场安排了学员进行实操演练，做演示，您给他们做点评，这个时候，您不就是个影评家吗？"小安笑了。

"原来如此，看来我离一个合格的讲师还有很长的路要走。"徐丽自嘲地笑了笑。

"没关系，我们一起努力。下一次，我们一定能成功！我觉得您可以这样做……"小安根据下午记的笔记，给徐丽指点了几招。徐丽听得频频地点头："下次我就这么讲试试。"

临分别时，他们约好这个周末在公司把PPT好好修改一下，再认真排练一次。

这样的培训课谁不爱

很快周一就到了，这一次徐丽可是做好了充足的准备，还排练了好几次，虽然还有一点儿紧张，但是徐丽还是战胜了自己，站在了讲台上。

徐丽开场做了一下简单的自我介绍后，就先把在场的学员快速分成了几个学习小组，并由各组选出各组的组长。随后，徐丽播放了一段电影节选的视频，视频中的主人公是一名销售人员，要拜访一位已经约定成交的客户，却签单失败了。视频播放完毕后，徐丽请各组分析一下，哪些地方出了问题，以及如何避免。

大家看完视频后，都很有触动，热烈地讨论起来。徐丽见好就收，请一位代表自愿分享了自己组内的观点，然后徐丽对发言代表的意见进行了点评。紧接着，徐丽开始讲解销售技巧。在讲授过程中，徐丽随时会提出问题与学员互动，同时安排测试内容，让大家练习过后，自己再揭晓参考答案。一个章节的讲授结束后，徐丽还邀请现场学习最认真的学员带领大家做了一个简短的章节回顾。

在开始新一章节的讲授前，徐丽又拿出一套"销售能力问卷"请大家作答，并对测试问题的答案进行一一分析。徐丽还邀请现场一位比较资深的同事扮演客户，自己扮演销售，一对一地进行了销售话术的演练。徐丽用自己精彩的话术技巧，获得了大家阵阵的掌声。

做完示范后，徐丽又对话术中的关键点进行了讲解，然后让现场的学员两人一组，分别扮演销售和客户的角色，进行一对一话术演练。在大家演练的过程中，徐丽走下讲台，不断地巡场，并对学员进行答疑和指导。随后徐丽还邀请表现最优秀的一组为大家做演示，并请大家点评。

当课程即将结束的时候，徐丽请大家对课程内容进行提问，并对大家都比较关心的典型问题进行了详细的解答。

在对全课进行总结后，徐丽安排了一份课后作业，要求到场的每位学员在周三下午下班前，根据今天课程所学，写10段销售话术并发到他的邮箱。随后在学员的掌声中结束了课程。

这一场培训做得非常成功，小安在现场都感受到了学员学习的那种热情，每一个离开教室的学员都觉得收获满满。

等学员都离开后，小安问徐丽："徐总，这次培训的感觉如何？"

"相当好，就是……"徐丽故作玄虚地说，"要记住那么多教学环节，还要精确地控制好时间，是挺难的。我差点超时。"

"哈哈哈！"小安和徐丽一起大笑起来。

徐丽很开心，自己刚刚进入公司，就把培训做起来了，还认识了小安这样专业的培训管理者。小安也很开心，刚刚接手新部门的培训工作，就和徐丽这样的业务管理者有了密切的合作，以后的培训工作就能获得更多支持了。

小安和徐丽成功开展了一场精彩培训的消息很快便传到了刘经理那里。

"小安，好样的，你能给我分享一下，你是怎么做到的吗？"刘经理刚进公司，就在茶水间遇到了小安。

"其实也没什么，徐总本来就有很强的授课能力，我只是做了一些锦上添花的事情。"小安谦虚地说道，"稍后我会把一份简短的经验总结发送给您。"

小安的经验总结

（1）开场用视频案例让学员进行思考分析，能够快速吸引学员，让学员愿意发表自己的意见。徐丽针对学员回答进行点评，既能快速了解学员的能力水平，又拉近了与学员之间的距离，所以开场气氛很热烈。

（2）课程都是从实战出发的，徐丽精简了部分不重要的内容作为课后阅读。在课上，徐丽对销售成单技巧和拜访话术进行了重点讲解，并且亲自示范给大家，还对关键点进行了详细的解释。

（3）徐丽使用了丰富的教学手段让现场保持良好的学习氛围，大家对销售能力测评印象深刻；最后对两人一组的实战演练，大家也表示收获很大。

（4）徐丽最后布置的作业，让学员能在课后继续深入学习，对于巩固课堂所学是有很大帮助的。

（5）除了最基本的讲授，徐丽还运用了案例学习、小组讨论、演示、实操练习、测试、角色扮演等多种教学方式，所以学员才觉得培训很成功。

随后小安通过电子邮件把这份总结发送给了刘经理。刚刚回到工位坐下的刘经理，看到小安发过来的邮件得意地笑了。他把文字内容稍加修改，并特意注明是来自小安的总结，然后准备用电子邮件发送给公司培训部的其他同事学习。

看到小安如今的成长，刘经理真庆幸自己两年前慧眼识珠把小安招聘进来。刘经理决定把自己多年的总结也分享给小安，于是单独给小安回复了一封邮件。

刘经理的回信

小安：

你的总结真是太棒了，我已经分享给其他同事。你能在这么短的时间内用上这么丰富的授课形式，真的很不容易，我想把这张表格（见表17-1）送给你。

表 17-1　不同教学方式的应用建议

	方法	目的	应做	避免
1	讲座	传递信息	√举例和说明 √运用视听教具 √穿插活动和练习	×不要连续讲授超过30分钟而不做任何其他活动
2	讨论	让学员彼此交流经验并互相学习	√鼓励人人参与 √以引导问题发起讨论 √以某种形式的总结结束讨论	×1~2人垄断 ×未到时间就停止
3	练习	活学活用	√提前准备 √现场发放 √准备答案 √自我评分	×提前发放 ×无衡量标准
4	测试	帮助学员认识当前的情况	√简单明了，避免复杂输入 √题目难度适中，避免误解 √测试应和培训主题内容相关	×题目太难或太简单，看不出差别 ×过于强调和个人能力的对照
5	演示	演示实际操作的技巧和手法	√距离学员要近，保证被看清 √不易理解的要重复操作 √正误操作的对比加深印象	×被学员对号入座 ×动作过于夸张
6	案例学习	引发思考	√给予明确指导 √提供充足信息和背景 √突出与要点相关的因素 √指出案例与工作的联系	×花时间阐述与主题无关的观点 ×案例本身有瑕疵或者脱离课程实际

	方法	目的	应做	避免
7	角色扮演	快速融入情景	√让学员充分了解背景信息	×强迫不愿意参与的人参与
		自行寻找答案	√给学员足够的时间筹划	×取笑任何学员
			√确保所有学员能看/听到表演	
			√鼓励自愿者	
8	游戏	鼓励学员在游戏中体会	√给予清楚的规则介绍	×延长不必要的节目
			√明确描述期望结果	×游戏内容不被认可
			√确保有足够时间做完	
			√充分解释	
9	模拟	模拟实际工作	√向学员说明操作方法	×被对方提前获取完成的秘籍
		观察真实能力	√减少失败者的挫败感	×失败者退场造成学员感觉被忽视
			√适当帮助学员完成过程	
			√避免剧透	

　　收到回信的小安会心地笑了，这张表格总结得非常全面，应该是刘经理多年的心血积累而成的，果断收藏，放入自己的知识宝藏中。

18

余音绕梁，三日不绝：如何进行结尾设计

当一门课快要结束时，只要多做一件事情，就可以让学员深刻体会到这门课程的价值，鼓励学员在课后把新学习的知识、技能运用起来，而这件事情就是设计一个好的课程结尾。在做课程设计的时候，我们需要把课程结尾考虑进去。

编筐编篓，重在收口｜徐总的结尾之困

因为培训的事情，小安和徐丽已经成为铁哥们儿。小安逐渐了解了徐丽是一个凡事追求极致的人，这不，在第一堂销售技能课一炮打响之后，又开始为他下一个销售心态类课程的设计教学方式了。

徐丽把从小安那里学到的各种培训建议都运用了进来。不过，这一次徐丽写到最后的时候，不知道课程该怎么收尾了，于是就拿起电话拨给了小安："小安，一会儿有空吗？我想请教你一个问题。"

咖啡厅里，小安和徐丽坐在沙发上，两个人一边喝着咖啡，一边思考这个课程的结尾该怎么设计。因为销售心态类课程涉及更多的是态度类的案例，所以不太容易设计一个精彩的结果，不然很容易沦为只讲大道理的尴尬境地。小安一时也没了主意。

"徐总，要不我们用排除法试试？我过去总结过一些结尾的办法，我们一个一个试试看。"小安打开自己的笔记本，翻了一会儿，"对，就是这里。"

徐丽也放下咖啡，和小安一起浏览起来。

小安的"百宝书"｜厚厚的笔记本

小安和徐丽看到的第一种方法是引经据典法，就是用一句有力的名言来进行结尾。小安记得自己当初为业务部门培训的时候，就用了松下幸之助的一句名言做收尾：培训的成本很高，但不做的话，代价更高。这种方法徐丽觉得很棒，类似"态度决定一切"这样的名言就很适合这种心态类课程。

第二种方法是故事结尾法，就是用一个能引人思考的、有深度的故事来结尾。小安记得自己当初学习"选择比努力更重要"的课程时，老师的结尾是，在1900年，清朝子弟为了保家卫国还在苦练射箭，但是12年后，断了清朝命数的辛亥革命用的却是枪。小安觉得用一个故事来总结徐丽心态类课程也挺好。不过，什么样的故事适合这个课程的结尾？小安和徐丽暂时没想好。

第三种方法是首尾呼应法，特别适用于"总分总"结构的课程。可以在开场时提出一个问题，在结尾时，重新回顾这个问题，给出一个巧妙的答案。小安觉得这种方法不太适合徐丽这次培训，因为这个课程的"总分总"结构并不明显，而且开场时，也没有什么悬念可以抛出来，徐丽也表示同意。

第四种方法是总结提炼法。在课程结尾时，如果能对课程的核心内容提炼出几个核心关键词，也可以起到画龙点睛的作用。小安和徐丽都觉得这种方法不错。

小安还记录了好多方法，如要点回顾、小组竞赛、活动调查、引导号召等，并汇总成了一张表（见表18-1）。

表 18-1　课程结尾方法

方法	目的	措施
引经据典	增加说服力	结合培训主题和内容，用名言、典故等结尾
故事结尾	深化主题，激发学员思考	用意味深长的故事结尾
首尾呼应	有始有终，形成完美闭环	开场时留一个悬念，结束时给出答案或总结
总结提炼	突出课程目标/方法/原则	针对培训内容，用精练的语言进行总结提炼
要点回顾	加强记忆	带领学员将课程要点，像过电影一样过一遍
小组竞赛	增加趣味性和参与性	如设置抢答环节，引导学员回顾课程内容，对于得胜者给予奖励
活动调查	了解学员的困惑与收益	"九宫格"，中间一格写自己的姓名，四格写收获，四格写问题或困惑
引导号召	促进训后行动	引导学员采取行动

徐丽边听着小安的讲解边思考着，突然说道："小安，我明白什么是好的结尾了。"

"什么是好的结尾？"小安一脸疑惑地看着徐丽。

"最好的结尾就是期待下一次的开始！"徐丽微笑着回答。

19

尽善尽美，薪火相传：完整的课程包带来稳定的质量输出当一门课程设计与开发出来后，我们希望有多位内部讲师去讲授这门课程，毕竟每个人的时间与精力都有限，如果一门课程只靠一人去讲授，那么培训安排将严重受限。

除了开发者，其他人能否传承这门课程将是一个棘手的问题。一门完整的课程，除了PPT，还应包含讲师手册、学员手册等内容。

人成就课，还是课成就人｜放在一个篮子里的鸡蛋

随着徐丽培训的效果越来越好，新的销售部门人员的能力提高速度越来越快，业务也越来越红火。徐丽作为业务负责人需要经常出差，很多原定的培训计划因为临时出差而被取消。于是徐丽找到小安，问："有没有什么办法可以让我既不耽误出差，又能保证培训计划的正常进行？"

小安想了想，说："这个有点难。公司倒是有在线培训平台，不过线下的培训效果会更好，尤其是这种业务类课程，需要学员在现场多练习。徐总，您有没有想过，从部门里找几个优秀骨干，将他们培养为讲师，这样您就不用担心出差后没人去讲课啦？"

徐丽的问题在各大企业都普遍存在。一门课程的设计者往往也是这门课程的讲授者，如果这位讲授者不在公司，这门课程就没法讲了。如果临时安排其他讲师来讲，则他们往往会因为不熟悉课程而导致培训效果不好。更可怕的是，要是某个课程唯一的讲师离职去了其他公司，辛辛苦苦开发的课程就变成了一个孤零零的文件，这门课程就"失传了"。那么，如何避免这种情况发生呢？

小安曾经想过让大家看往期录像的方式来复制一门课，不过经过实践发现，这种做法的效率比较低，最重要的是，录像看的次数再多，理解起

来也会有很多偏差。这种被动式的模仿，令学员无法真正理解课程的原理及其结构，这种"逆向工程"很容易失败。

如果课程授课的质量和某个讲师一对一绑定在一起，就如同将所有鸡蛋都放在一个篮子里，那么一旦出了问题，将满盘皆输。如何解决这个问题呢？

小安想到，如果每门课程都有一本手册，把每页PPT需要讲什么、讲多长时间、有哪些难点和要点、讲哪些关键的话、用什么样的教学方法都完完整整地记录下来，再结合一段录像，就可以让没有参与开发的讲师把课程掌握得八九不离十了。

"这本手册是给讲师用的，就叫它'讲师手册'。"

摸着石头过河｜讲师手册的试验品

这样一本讲师手册具体应该包括哪些内容呢？

小安在自己的笔记本上写下了讲师手册包括的内容：

（1）封面。包括一张图片、课程的名称、公司的Logo、讲师手册的标识等。

（2）课程梗概。介绍课程的基本信息，如课程的简要介绍、开发背景、PPT的设计或开发人员的介绍、总时长、面向的学员、要求达到的课程目标等。

（3）课程大纲。包括每个模块下重要单元的内容、时长、相关素材等。

（4）课程准备。包括场地的布置要求、所需的培训物料、需要课前发放的内容、课前的准备事项等。

（5）每页PPT的详细说明。包括PPT的截图、学习目的、时长、教学方式、重点、难点、讲述内容等。

讲师手册的制作是整个培训备课过程中一项艰巨且富有创造性的工作。讲师手册的开篇一般遵循PIP公式：

- 目的（Purpose）。这次培训的原因是什么？学员为什么要花费这么多时间和精力坐在这里接受培训？这次培训能给学员带来什么？使之发生怎样的改变？

- 重要性（Importance）。学员为什么要努力达到培训的目的？如果达不到，会有怎样的危害？培训对学员目前的问题有什么帮助？培训的紧迫性和必要性是怎样的？

- 预览（Preview）。对培训的结构、方法、主要内容的大概介绍，这会使学员对培训结构和培训内容有整体性的了解，让学员在培训过程中可以发挥主动性和掌控力。

这样的页面做起来一定很辛苦，一定是一个浩大工程。小安见过一些专业的讲师手册，觉得太复杂了，如果让业务专家快速产出讲师手册，就必须使用一些方便快捷的方法。那么，如何才能快速地做出一本精美的讲师手册呢？

小安想起在总部培训的时候，刘经理研发的那套PPT模板。如果自己也设计一套PPT模板，将模板的尺寸设置成A4大小，在视图的备注母版里做好格式设置，然后把每页PPT的详细说明录入备注栏中，就可以快速实现讲师手册的制作了，如图19-1所示。

图19-1　讲师手册模板

　　小安用了一个上午，终于设计出了一套满意的讲师手册模板。

　　之后，小安又想起自己参加外部培训时，培训机构所提供的学员手册也是非常实用的。既然讲师手册可以这么快速地制作出来，那么学员手册不也可以如法炮制吗？于是，小安趁热打铁开始研发学员手册的制作方法。

学员手册是为了让学员记录课程知识点所用的材料，学员可以通过教材熟悉培训课程的整体结构，还可以在教材上记录他们在每个单元所学到的知识要点、心得以及要采取的行动。学员手册的内容一般包括PPT意图、学习目标、课程主题、每个主题的课程道路图，以及成功完成该课程所需的其他资料。例如，由作业、测试和关键内容构成的资料；表格、图示、新术语和缩略语等。制作学员手册的技巧是，列出学员教材的要素内容和课程大纲的内容纲要，并在教材中留出足够做笔记的空间，有时还会加入案例和练习题，便于课堂研讨。

小安按照学员手册的特点设计出了一套敏捷模板，然后把讲师手册模板和学员手册模板都打印出来，效果正是心中所想的，这让小安收获了满满的成就感。于是，小安一鼓作气，把考题模板也一并设计了出来。

当这些工作都完成的时候，已经是晚上8点了，小安居然写了整整一天。不过，看着自己做好的讲师手册模板、学员手册模板、考题模板，以及从总部带回来的课程设计与开发模板，小安觉得，今天的努力是值得的。

专业课程设计与开发软件介绍

除了提供讲师手册模板和学员手册模板，小安也会根据业务专家的需要，借助一些软件来撰写讲师手册和学员手册。小安常用的讲师手册和学员手册设计软件包括George！和LeaderGuidePro（见表19-1）。这两款软件是美国Great Circle Learning公司的产品。它们不仅能够使课程设计与开发变得轻松快捷，而且能够加强培训模块的更新和重复使用。

表19-1　George！和LeaderGuidePro介绍

讲师手册和学员手册撰写软件	产品特色
point, click, polish & present *george!*	①用 PPT 自动生成专业讲师手册和学员手册； ② 20 种可选择模板 / 格式，根据需要可调整图像的大小、边界和位置，添加商标、版权，修改日期等； ③在更改 PPT 后，自动更新讲师手册和学员手册
LeaderGuide Pro	①能够借助 Microsoft Word 和 PowerPoint 创建标准统一的专业讲师手册和学员手册； ②自动融入系统性的课程设计与开发原理； ③基于讲师手册自动地、有选择地生成学员手册； ④可以通过图书馆管理员对资料进行管理和存档； ⑤创建、保存和调用可重复使用的学习模块； ⑥提高培训教材的编写效率； ⑦LeaderGuidePro 用简单形象的图标来表示不同的指令和含义，是一个强大的工具，它可以自动导入完成的幻灯片，输出评估、案例、讲义，粘贴 LeaderGuidePro 模板等

　　有了这些模板和软件的帮助，小安相信下一次再带领讲师做课程设计与开发的时候，效率一定会更高。小安觉得，自己命名的"AID敏捷课程设计与开发"方法终于成熟了。

20 凤凰涅槃，浴火重生：课程验证与修改

投入了大量时间与精力开发出来的课程，完成的那一刻，在我们心中可能是完美的。但经验告诉我们，一门课程需要在授课实践的过程中反复推敲、优化，才能打磨成精品。

因此，为了让一门课程在正式交付前尽善尽美，我们需要对课程进行验证与修改。这个过程并不是浏览一遍PPT就能完成的，而是需要有严谨的流程和方法。

课程验证的目的

为了验证AID模型是否可行，小安在公司内部组织了一场AID工作坊。工作坊的整个过程都很顺利，产出的课程包也都非常精美。但是，当业务专家拿着课程成果自己回去讲的时候，总会遇到一些状况。例如，接下来马上要讲的点，刚刚已经讲过了，如果重复讲的话，会显得很啰唆；这一页正在讲的内容，是下一页将要讲的内容的后续步骤，如果放在后面讲的话会更顺畅。

当收到专家反馈的这类状况越来越多时，小安就开始反思是不是课程设计与开发做得不好。但由于开发人员的思维与讲授人员的思维是有区别的，因此，为了找到开发和讲授的平衡点，以及对错误内容及时进行纠偏，对缺失内容及时进行补充，让学员的学习体验更佳，小安决定，在正式交付课程前，还需要开展课程验证。

PPT 的验证与优化

小安决定对新开发的课程组织一场课程验证会，并且打算邀请开发人员以外的培训团队成员、业务专家和讲师等人组成专家评审团队。小安在验证会召开之前就设置好了规则和流程，在验证会召开的过程中，首先由课程设计与开发小组成员作为讲解人员，对课程结构、关键内容以及教学方法进行试讲，然后专家评审人员需要分别从讲师和学员的角度，对课程设计与开发成果进行评审。

试讲可以单独进行，也可以由课程设计与开发小组成员来辅助。试讲并非一定要按照设计的课程大纲逐步进行，可以跳跃式试讲，也可以截取关键模块，同时想象未来的真实场景和学员的反应，让自己融入课程的真实授课场景中。

此环节特别考验专家评审人员的功力水平，因此专家评审人员本身需要具备较强的课程设计与开发能力和点评技巧。

此时小安考虑到一个问题，每个专家评审人员都来自不同的部门，对培训的理解不一样，那么评审的标准也会不一样，这种情况怎么办？小安决定梳理出一套评审维度，让专家评审人员照此提出课程的修改意见。在与自己的上级刘经理讨论后，小安总结出了课程验证的三个维度，即课程内容、教学设计和呈现形式。

课程内容验证：

- 目标。课程内容是否足够支撑课程目标的实现。这一项直接决定了被验证课程的核心价值，需要在所有课程内容讲解完毕后再下定论。

- 结构。课程的结构是否具有逻辑性，每一页的课程内容衔接是否合理。哪怕拥有再好的课程内容，如果课程结构不合理，也会导致学员难以理解和吸收知识。这一项决定了被验证课程的培训流畅度，同样需要在所有课程内容讲解完毕后再下定论。

- 主体。所讲授的知识、技能是否合理、全面、清晰明了，是否在实际工作中被验证过有效。如果把课程结构比喻成骨架，那么课程的主体内容就是血肉。这一项需要由熟知该课程领域的专家来评估，确保该课程有丰富的干货。

- 案例。所提供的案例是否阐述完整、清晰且具有启发性，案例是否足够丰富。这一项需要验证课程中的案例能否充分体现知识和技能所带来的效果。

教学设计验证：

- 参与度。是否能够让学员深入参与其中，形成良好的思维和互动。这一项需要专家评审人员从学员的角度去感受，自己在学习过程中是否有充分参与的机会。

- 相关性。是否与所需教学的内容相匹配。这一项强调的是要用对方法。例如，技能类课程本该设计模拟演练环节，却用了问答或讨论的教学方法，那么所带来的培训效果就会大打折扣。

- 满意度。是否足够吸引学员，能否为学员带来良好的学习体验。这一项同样需要专家评审人员从学员的角度去感受，该课程的教学设计是否新奇有趣，是否能给自己带来强烈的体验感，让自己有跃跃欲试的冲动。

呈现形式验证：

- 适配性。所使用的图标、图片、表格、表单、关联图等是否与内容相匹配。

- 美观性。所用的幻灯片母版、字体、格式、位置、配色是否统一，是否符合新时代审美要求。

在课程验证会中，为了让专家评审人员的验证效率更高，同时避免验证方向不一致，小安围绕上述评审维度设计了一份课程验证评审表（见表20-1），在正式验证前提供给各位专家评审人员。

表 20-1　课程验证评审表

课题：			研发人员：	
模块	验证内容	验证参考方向	存在问题	修改意见
课程内容	目标	课程内容能够足够支撑课程目标的实现		
	结构	课程结构的逻辑性强，内容衔接合理		
	主体	主体内容合理、全面、清晰明了，在实际工作中被验证过有效		
	案例	案例阐述完整、清晰且具有启发性，案例足够丰富		
教学设计	参与度	能够让学员深入参与其中，形成良好的思维和互动		
	相关性	与所需教学的内容相匹配		
	满意度	足够吸引，能够为学员带来良好的学习体验		
呈现形式	适配性	所使用的图标、图片、表格、表单、关联图等与内容相匹配		
	美观性	所用的幻灯片母版、字体、格式、位置、配色统一，符合新时代审美要求		

讲师手册和学员手册的验证与优化

既然对PPT进行了验证，那么作为完整课程包的一部分，讲师手册、学员手册也需要进行验证。

讲师手册的验证与优化：

- PPT同步性。所有内容与PPT同步，让讲师保持与学员相同的学习节奏。

- 宏观指引性。提供课程的目标、学员画像、课程准备要求、课程整体介绍，以及包含各个课程模块教学指引说明的课程大纲。

- 要素完整度。明确提供每一页独立的教学目的、重点、难点、活动、时长、工具、讲述文稿。

- 利于讲授性。抛开开发人员思维的束缚，讲述文稿可以使用口语。

学员手册的验证与优化：

- PPT同步性。所有内容与PPT同步，让学员保持与讲师相同的学习节奏。

- 学员视角性。剔除讲师视角的内容，如学员画像、课程准备要求等；剔除不必要的互动页面，如讲师使用的提问页面、导引页面等；剔除不必要的剧透，如需要与学员互动后才会显示出来的参考答案等。

- 互动空间程度。例如，在方法论讲解或头脑风暴页面提供笔记记录区域，在工具应用页面提供具有充足填写区域的表单。

经过课程验证会后，小安对课程的所有成果进行深度打磨。最终，一门经过精雕细琢的精品课程正式出炉，可以随时被安排到培训项目中让讲师去讲授。

小安打算在后续的培训实施中，仍然需要持续收集讲师和学员的反馈，不断根据课程验证评审表中的各评审维度对课程进行打磨和迭代。

至此，小安开发的"AID敏捷课程设计与开发"课程已经完成，接下来，就可以享受新课程给学员和讲师所带来的一切啦！

结语

一门课程设计与开发完成后，才是这门课程生命的真正诞生。哪怕是一门被深度打磨过的精品课程也只是整个培训资源体系中的一个小支点，要让这门课程的价值发挥到最大，真正做到有效果的培训，还要做很多工作。例如，讲授这门课程的讲师是否具备良好的授课技巧和呈现能力；这门课程是否和其他课程有效联动，组成一个系列培养项目；这门课程培训结束后，是如何在业务中产生实际影响的，整个培养项目的培训效果又是如何评估的……因此我们会发现，要把培训工作做好，课程设计与开发只是其中一环。

因此，开发得再好的课程也需要良好的实施和运营，以充分发挥它的效能。为了使精心开发的课程发挥出最大价值，建议从以下几个方面着手。

第一，做好授课的计划和准备。著名管理大师彼得·德鲁克曾经在自己的管理学书籍中多次提到过管理的四项基本职能：计划、组织、领导、控制，并强调其中最重要的职能就是计划。每位讲师在每次授课前都需要认真计划和准备。这些计划和准备工作包括教学材料的准备、场地的准备、物料的准备、设备的准备、备课、模拟试讲等。

第二，一定要本着"培训服务于业务"的原则来开展培训工作。业务专家要意识到，企业培训最大的受益者就是业务部门，培训的主要目标也是为了提高业务绩效。培训管理者需要多和业务人员沟通，了解并熟悉业务流程，弄懂业务痛点以及背后的根因，才好把培训"力气"用在改善业务的关键之处。一个只关心培训技术、不关心公司业务发展的培训从业者，就如同只有一条腿走路的人，是很难走得稳、走得远的。

第三，一定要准时开课、准时下课。培训时迟到，在企业内是司空见惯的事情。一些好心的讲师和培训管理者会和已经到场的学员进行商量，是继续等待，还是准时开课。碍于同事情面，多数已经到场的学员、讲师和培训管理者，都会继续等待。这其实是一种并不理性的选择。

因为一旦延迟开课，就很有可能延迟下课。延迟开课，导致原定课程结束的时间到了，但是课程内容还没有讲完。此时，要么讲师急匆匆地收尾，学员着急离场，要么为了保证课程内容的完整，出现拖堂的情况。这些都会给讲师和学员带来不好的感受。另外，因为等待迟到的学员，对已经准时到场的学员是不公平的，而且下一次迟到的现象可能更严重，这样就陷入了一个恶性循环。所以，最好的选择就是准时开课、准时下课。如果每次都严格执行课堂纪律，那么迟到的现象才会杜绝，学习的积极性和效果才更有保障。

第四，一定要多关注实施效果，哪怕这个效果是无法用数字衡量的。难免有一些人会质疑培训到底是否有用，但讲师和培训管理者一定要相信培训是有用的。到目前为止，虽然有柯氏四级评估和ROI（投资回报率）五级评估法等多种培训效果评估方法，但如何准确地衡量培训效果，至今也是培训界公认的难题。因为影响业绩提高的因素有很多，而将非培训因素剥离，也是一件非常困难的事情。例如，一名新员工在参加新人培训以后业绩有了很大的提高，有可能是培训的功劳，也有可能是随着他对工作的逐渐熟悉，创造了良好的机遇，提高了效率，才使业绩获得了提高。这种情况就无法归因于培训所起的作用。即便如此，也不能否认培训的价值，也不好剥离其产生的作用。

第五，要利用机会多为培训发声。所有期望企业发展好的人都要利用一切合理的机会为培训工作发声。培训管理者在有限的经费之内为讲师的付出做宣传。例如，在每年的教师节为讲师送上礼物，为讲师申请额外的图书采购经费，为讲师定制贴标并附在对方的工牌上，以彰显讲师的荣誉感。

第六，做难而有价值的工作。要意识到培训所产生的价值，而真正有价值的事情通常是有一定难度的。人往往会优先选择，甚至只选择自己可以做的、容易做的事情，而很少围绕应该做、必须做的事情来开展工作，自然会陷入自我否定的误区。

岗位层级较高的优秀讲师，可能会对课酬的金额并不在意，而且很多讲师本身也是管理者，培养下属本来就是管理者的工作。每个站上讲台的人都能够享受传播智慧的成就感，每个教学活动都会让学员和讲师想起讲台上的那段美好时刻，并期待下一次的华丽演出。

因此，真正做好培训工作是有信仰的人。他们相信培训是有价值的，即使遇到一些困难，也不会否定它的价值，反而能更好地证明它的价值。

附录

附录A
敏捷课程设计与开发成功案例

AID模型已经成功应用在医疗保健、金融（含服装零售）、房地产、能源（新能源、石化、电力、核能）、新零售、IT/通信/互联网、汽车等不同行业中。在进行课程设计与开发时，开发课程的重点主要集中在管理能力、营销能力、业务能力的全面提高上，部分核心客户如图A-1所示。

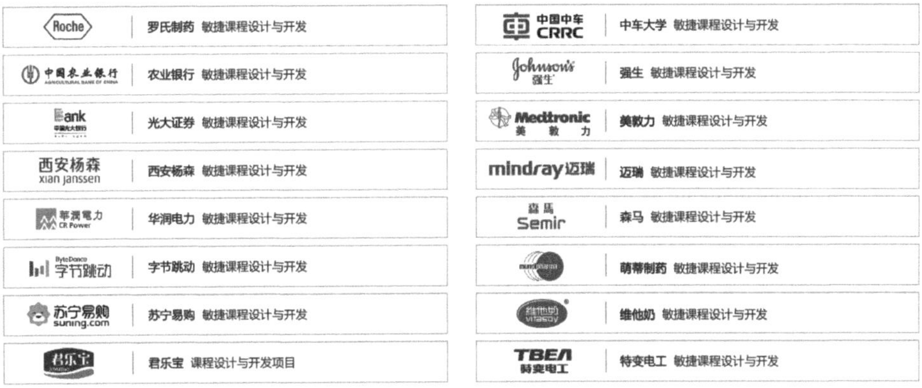

图A-1　敏捷课程设计与开发成功合作核心客户（部分）

我们对这些成功案例的个性和共性进行了深入剖析，以提炼、总结和推广敏捷课程设计与开发的“中国经验”。下面将分享几个典型的敏捷课程设计与开发成功案例，希望读者能够在课程设计与开发技术上有所启发，共同促动“中国经验”走向世界。

案例一：某大型跨国生物制药公司课程设计与开发项目

该客户是一家跨国制药公司，业务范围主要涉及药品、医疗诊断、维生素和精细化工、香精香料四个领域。目前，客户内部的人才资源体系完善，培训成熟度高，在标准化培训体系的基础上，开始重点关注业务条线专业化的组织经验沉淀与标准化的内容资源建设，希望融合外部行业专家前沿的理论体系与内部专家的经验，开发定制化培训课程，达成如下收益：

（1）加强业务条线组织经验的有效提炼与传承，将内部优秀员工的优秀经验从"民间"提炼沉淀到组织；

（2）解决培训内容与业务相关性不足的问题，使课程更具针对性，更能满足业务端实际工作的需求；

（3）避免因人员流动遗失组织经验，解决业务人员流动带来的培养成本增高的问题。

通过与客户的进一步沟通，最终确定组织实施两期课程设计与开发项目，开发出五门符合业务需求场景案例且兼具专业底蕴的精品面授课程。初步梳理的五门课程方向为政策分析与解读、产品市场准入策略与推广、如何成功开展医保准入谈判、经销商管理、医院大客户管理。每门课程形成科学合理、规范化、系统化的完整培训课程包（含课程大纲、PPT、讲师手册、学员手册、训后强化工具），在保证授课质量的同时降低讲师的授课难度，并保证授课标准的一致性。

结合客户的需求，我们采用了七步法解决方案，具体如下：

一、项目前期准备，完成利益攸关方访谈

通过访谈调研目标学员主管、目标学员代表以及培训管理者，了解目标参训学员目前遇到的业务问题是什么，是什么原因导致的，希望待开发课程能够帮学员解决哪些问题，希望学员听完课后有什么收获，期望课程的交付成果是什么。最后根据调研结果形成报告，进一步明确客户需求，为项目定制化解决方案。

二、敏捷课程设计与开发工作坊前期准备

在工作坊前期，首先需要明确课程主题，组建课程设计与开发团队。通常，一个课程主题团队由3~5名业务专家组成，分别扮演项目经理（负责本课程设计与开发项目的质量和进度）、内容专家（负责提供内容）、内容开发师和课程设计师（负责内容开发和设计学习活动）、讲师（负责讲授课程）。

组建好团队后，让业务专家在工作坊开始前一周内，根据课前材料准备清单，准备课程设计与开发素材，主要收集与课程主题相关的或者课程需要用到的理论知识、游戏/活动、视频／音乐／图片、成功案例/故事/经历、工具/模板/表单、操作流程/步骤等。

三、萃取并整合外部专家经验

收集外部专家类似课程，安迪曼顾问带领内部专家研讨并确认外部专家理论知识的可取点，整理并形成文字。

四、课程设计与开发工作坊

接下来是两天的工作坊。根据AID模型，每个环节都有引导师讲解+举例+学员练习+验证+学员完善，逐步产出两门课程的初稿（含课程大纲、讲师PPT）。

五、完善及优化课程，输出待验证版本

安迪曼顾问现场引导内部专家对每张PPT的授课方式、授课目标、授

课内容进行研讨，并从名称（将课程所涉及的理论、方法、概念、模型、工具等进行优化，使其好记、易懂、上口）、描述（准确描述课程所涉及的方法、概念、模型，避免出现模糊、歧义、夸大、不实的语句）、美化（对PPT、讲师手册、学员手册等进行美化，提高PPT的美观程度和视觉冲击力）、价值（优化整体PPT，并增加考核环节，保证培训对学员的改变是真实有效的）四个方面对课程进行优化，最终形成精品课程包（含课程大纲、PPT、讲师手册、学员手册、训后强化工具）。

六、验证课程，完成交付版课程包

企业内部组织讲师进行试讲，安迪曼顾问现场参加讲师试讲，引导复盘研讨并提供反馈意见，对PPT、授课方式、内容进行确认，确保交付课程质量。

七、总结项目经验，输出项目成果

安迪曼实施的"敏捷课程设计与开发项目"帮助客户企业的讲师快速掌握简单、高效、实用的课程设计与开发流程和方法，快速聚焦课程主题、目的和分析学员特征的方法，精准快速开发课程内容的方法，设计课程高效互动模块的方法，以及快速验证和优化精品课程的方法，在按照既定目标产出成果的同时，也赋能一批合格的讲师。

案例二：某证券公司企业文化课程设计与开发项目

该客户是一家资产质量优良、专业团队精干、创新能力突出的上市证券公司，秉承"让金融服务更高效、更可靠"的使命，以"成为举足轻重的金融服务机构"为愿景，致力于为客户提供交易、投融资、财富管理等全方位金融服务。为支持公司业务持续发展，公司组织全体高管及部分中层管理人员到国内知名知识型企业参访，并以此为起点，在公司内部展开了一系列关于宣传企业文化和优化过程管理的研讨活动，希望与安迪曼咨询合作实施企业文化课程设计与开发项目，精准定位并固化企业文化特色。

根据前期与客户的沟通，我们发现客户面临两大难点：一是内部没有课程设计与开发经验的专家，二是担心开发出的课程没办法获得业务部门认可。基于此，我们将采用AID模型，业务专家作为团队成员参与全过程，快速高效产出课程，具体如下：

一、组建课程设计与开发团队

通常，一门课程的开发团队需要由2~4人组成，主体是业务专家，团队内部需要有明确的角色分工：谁负责整个项目（项目经理）、谁出内容（内容专家）、谁来负责写内容和设计学习活动（内容开发师和课程设计师）、谁来讲授课程（讲师），四个角色缺一不可。

二、方向聚焦，内容开发

通过文档分析、学员分析、高管访谈分析来明确课程定位及目标收益，并实施一天一晚的课程框架设计，梳理出本次企业文化课程的大纲，并在工作坊结束后，布置任务。专家在此期间主要完成企业文化素材收集、完善企业文化案例，形成1.0版PPT。

三、教学设计，材料完善

组织相关人员参与两天的工作坊，对1.0版PPT进行优化，充分针对客户的特点及应用情境来补充内容，并加入教学设计，使课程针对性强，与企业契合度高。

最后用半天进行课程验证与评审。学员补充完善资料后，分模块做课程最终验证，提供反馈及修改建议，最终形成客户企业文化理念五件套课程包（含课程大纲、PPT、讲师手册、学员手册、课后测试题）。

四、项目总结，沉淀项目成果

总结项目经验，沉淀项目成果，形成项目效果保障机制。

越来越多的企业意识到外购课程已不能完全满足企业内部业务快速发展的需求，进行定制化的课程设计与开发成为必要手段。有别于发达国家，中国企业内部很少有专门的课程设计者，因此企业内部专兼职讲师不仅需要授课，更需要掌握科学的课程设计与开发的方法和流程，以及一些高效的设计方法和技巧，从而把课程内容以更加丰富的形式呈现出来，使培训达到良好的互动效果，并能有效把控每个授课环节。

"差异化"是由定位之父——杰克·特劳特提出来的，其核心是找到差异化，做到与众不同（特劳特，里夫金，火华强，2011）[①]。差异化的课程研发与设计，就是根据培训需求、学员特点、企业性质等，采取有差别的方法或技巧，使得课程更有针对性和效率，从而产生更高回报。接下来将从方法、技巧、流程等角度详细阐述如何做到差异化的课程研发与设计。

一、在需求诊断上体现差异

如同医生为病人治疗前需要先诊断，然后才可以根据诊断结果开出适合病人的方子，在课程研发与设计时也需要先诊断，也就是通常所说的需求分析。需求诊断上的差异首先体现在，运用绩效改进技术来鉴别培训是不是合适的解决方案。如果不是，就要敢于大胆地拒绝进行课程设计与开

---

① 　特劳特，里夫金，火华强. 与众不同：极度竞争时代的生存之道 [M]. 北京：机械工业出版社，2011.

发或降低企业对培训效果的过高期望。此外，在诊断需求时，也可以运用柯氏四级评估理念，以终为始来倒推培训内容和方式的设计：为了达成企业所期望的业务结果（柯氏第四级），到底需要改变学员的哪些行为（柯氏第三级），提供哪些相关知识、技能和态度的培训（柯氏第二级），以及创建怎样的学习环境和运用何种授课方法以提高课程现场的满意度（柯氏第一级）。

二、在学员体验上创造差异

"以学员为中心"而不是"以讲师为中心"是业界所公认的课程设计原则之一，然而如何真正做到"以学员为中心"和实现良好的学员课堂体验，却并非每个人都清楚地知道。

要做到"以学员为中心"，关键在于创造学习体验，所依据的理论基础是体验理论与动机理论（见表B-1）。大量实践表明，要做到"以学员为中心"，需要综合运用情境式学习、体验式学习、发现式学习、问题解决式学习等多种先进教学理念，通过良好学习氛围的营造、舒适环境的布置、互动式活动的设计让学员在愉悦中学习、掌握和领悟。

表 B-1　体验理论与动机理论

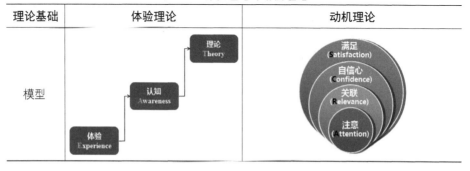

理论基础	体验理论	动机理论
含义	体验模型，也叫 EAT 模型，它反映了人类学习的自然步骤。人类通过眼睛、耳朵、手等方式，获得各种不同的体验，这些体验经过反思与沉淀后，会变成对事物的认识和各种知识，即认知。认知经过累积和提炼，形成了各种理论	ARCS 学习动机理论是美国佛罗里达大学的约翰·科勒（John M. Keller）教授于 1987 年提出的一个激发与维持学员学习动机的模型，即注意（Attention）、关联（Relevance）、自信心（Confidence）和满足（Satisfaction）。该模型关注的是如何通过教学设计来调动学员的学习动机问题
对课程设计者的启示	在进行课程设计与开发的过程中，需要创造"共同体验"来鼓励学员分享	在课程设计时，首先，要引起学员对一项学习任务或学习目的的注意和兴趣；其次，使学员理解完成这项学习任务与自己密切相关；再次，要使学员觉得自己有能力完成这项学习任务，从而产生自信；最后，让学员产生完成学习任务后的满足感

三、在内容提炼上体现差异

在诊断需求差异之后，需要根据诊断结果进行课程内容的提炼和确认，方法有工作任务分析法、关键事件分析法、主题分析法。对不同的课程主题，需使用不同的提炼方法或综合使用几种方法，才可以更有效地确定课程内容。表B-2展示了这三种方法的概念、目的、步骤以及适用的课程类别。

表 B-2　三种课程内容提炼分析法

	工作任务分析法	关键事件分析法	主题分析法
概念	调研学员如何做工作以及在工作流程和决策中所涉及的知识和技能，并把它们记录下来	确定"某项工作任务所需的关键事件（行为）是什么"	如果课程目标显示学员要使用某个概念，应用某项原则或解决某个问题，则应用主题分析法

	工作任务分析法	关键事件分析法	主题分析法
目的	清晰地展现工作任务是如何一步一步完成的；确定学员必须学会做的内容；确定合格操作工作任务的标准（如速度、准确度或顺序等）	确定最为重要的工作任务，通过与员工、管理者的面谈以及员工自己撰写的报告收集相关的职责信息	建立一个等级结构；确定完成课程目标所需掌握的基本技能
步骤	定义工作任务分析的范围；访谈业务专家；观察绩效操作；验证工作任务分析；确定课程内容	收集关键事件；确定关键事件中经常发生的行为；分析各种行为带来的结果；根据结果的好坏判断哪些行为应当肯定或否定	熟悉将要分析的主题；陈述最终的学习结果；确定学员当前所拥有的与最终学习目标相关的知识和技能；构建学习层级；验证学习层级
课程类别	流程类（如招聘）	知识类、技能类（如门店经理的定位）	态度类、理念类（如企业文化、如何与下属有效沟通）

四、在各授课环节的设计上体现差异

一）开场设计

好的开场非常重要，这项内容已经在第16章中有详述，可直接参考。

二）过程中教学活动设计

培训中常用的教学活动有讨论、演示、角色扮演、模拟、案例分析等，在使用这些教学活动时要清楚三个方面：是什么、什么时候用、使用注意事项，如表B-3所示。

表 B-3　不同的教学活动设计

教学活动	是什么	什么时候用	使用注意事项
讨论	就大家互相关心的问题交换意见和看法	• 当学员对于该主题有一定的知识或经验时； • 当学员需要分享经验的时候； • 当确保学员参与的时候； • 在课堂气氛低落的时候； • 当内容是知识性的或概念性的时候	• 过度使用讨论，课堂节奏会降低； • 经验不够丰富的讲师比较难以掌控课堂； • 如果讨论是非结构化的，可能很快失去焦点； • 在教学计划中应当提供详细的指导
演示	呈现方法的一种，通过这种方法学员观察他人操作一项任务或工作流程	• 当学员需要看到这项任务或工作流程到底是如何完成的时候； • 当复制工作任务的设备是现成的时候	• 现场演示，讲师必须在呈现它的时候熟练地完成该项任务； • 培训地点必须有足够的空间，以便让所有学员都能够有一个近距离且没有遮挡视线的观察机会； • 在课程设计时，提供足够的时间以便进行重复的展示，以及学员提问和答疑
角色扮演	学员在比较真实的环境中，通过扮演特定的角色来应用一种新的技能和知识的方法	• 使用角色扮演的培训通常有销售技巧、领导力技巧、人际技巧、谈判技巧、管理绩效、自信训练、领导会议、客户关系	• 尽量使情景真实； • 在场景设置和点评方面给讲师提供详细的指导和注解； • 确保各个角色的背景信息和细节是足够的且不过于复杂

模拟	允许学员在与工作相似的培训环境中去实际操作工作任务	• 在一个实际练习之后，增加额外的挑战或难度； • 在工作中犯错所带来的后果很严重； • 在培训后，学员需要立即达到工作要求的标准	• 模拟之前，首先确保学员掌握与模拟有关的技能； • 选择那些对完成工作任务最常见和最重要的标准
案例分析	学员通过对实际的或虚拟的情况的分析，来提高知识和技能或改善态度	• 帮助学员练习问题分析、问题解决和制定决策的技巧； • 帮助学员理解和处理他们在工作中可能遇到的问题； • 在管理技能和督导的培训中特别有用	• 确定学习的案例只有一个清晰的目标和只有一个主要问题； • 讲师必须在点评时区分不同的观点和结论； • 确保所有细节是准确的和前后一致的； • 案例描述要足够详细，但不要忽略授课点

三）反馈答疑设计

良好的课堂教学效果依赖于学员的积极主动参与，反馈答疑是提高学员参与性的方式之一，是讲师、学员、培训内容三者之间的沟通桥梁和媒介。有效运用反馈策略，可以达到以下两个目的：一是了解学员知识、技能的掌握程度；二是改进和优化培训内容、形式及行为。

孔子曰："疑是思之始，学之端。"在培训中，讲师要适当设置一些疑问，也要鼓励学员提出疑问。但是切记，在设疑或置疑之后，一定要释疑，否则容易让学员对讲师本人和所讲内容产生怀疑。在解答疑惑时，可遵循表B-4所示的流程。

表 B-4　解答学员疑问具体流程

序号	流程	解释	目的
1	仔细聆听	全神贯注地聆听学员的阐述	尊重学员,同时快速思考如何回答问题
2	表示感谢	当学员提问并阐述后,首先要表示感谢	鼓励多提问,激发学员后续参与
3	确认问题	根据自己的理解复述一遍问题	避免所答非所问
4	提供答案	根据所问,给出答案	简单明了,直奔主题,不把问题复杂化
5	结束问题	询问学员是否解答了他的疑惑,如果没有,课后可以继续交流	避免在一个问题上纠缠浪费时间

四)结尾设计

正所谓有始有终,开场与结尾都需要精心设计。一个经过设计的结尾,可以达到强化主题、突出重点、提炼思想、促成行动的目的。常用的结尾设计方法有首尾呼应、要点回顾、总结提炼、引经据典、小组竞赛、活动调查、故事结尾等。可以根据培训内容、学员特点、所用时间等因素来选择适合本培训主题的一种方法,或者综合使用几种方法。各种方法的详细信息请参考本书第18章的相关内容。

五、在促进课后效果转化上体现差异

依据柯氏四级评估理念,学员上课学习满意度高、知识掌握好,只能说明培训是有效的,而"有效"不等于"有效果"。培训如果能够真正促使学员的行为改变和达成业务结果,才能说明培训是有效果的。然而一个培训项目结束后,有多少学员会将他们所学的知识和技能很好地应用于工作当中,从而提高工作绩效?调查表明,只有16%。所以在设计和研发培

训课程时就要考虑培训效果的保持和转化问题，尽可能地使学员持续而有效地将其在培训中获得的知识、技能、行为和态度运用到实际工作中，从而使培训项目发挥最大价值。

促进学员课后运用并发生改变的驱动措施有很多，包括强化措施、鼓励、奖励制度、监督机制等。例如，可以采取提供工作辅助工具、转授他人、职位晋升、仪表盘等方式来促进行为的改变。这些方式都是需要在课程结束后尽快实施的，以确保培训落到了实处，真正让学员用起来，进而给企业带来良好的工作成果。

参考文献

[1] CLARK，DONALD. History of knowledge, instructional system design, learning, leadership, management, and organization development [OL], Feb. 16, 2022.

[2] GUSTAFSON K., BRANCH R M. Revisioning models of instructional development [J]. Educational Technology Research and Development, 1997, 45（3）: 73-89.

[3] MEEKER M.Internet trends 2015— CODE conference.June 30, 2015.

[4] 岩田昭男. O2O时代的冲击：支付、市场营销、消费者行为的全面革命 [M].李丁，等译.北京：机械工业出版社，2014.

[5] PIKE R W. Creative training techniques handbook [M]. 3rd ed.Human Resource Development Press，2003.

[6] 苏珊·魏因申克.设计师要懂心理学[M].徐佳，等译.北京：人民邮电出版社，2013.

[7] 布鲁纳. 教育过程［M］.邵瑞珍，译.北京：文化教育出版社，1982.

[8] 布鲁纳. 布鲁纳教育论著选[M]. 邵瑞珍，译. 北京：人民教育出版社，1989.

[9] 崔连斌，胡丽.FDD：ADDIE的敏捷进化方向[J]. 培训，2015（10）：4.

[10] 付永刚，王淑娟. 管理教育中的案例教学法[M]. 大连：大连理工大学出版社，2014.

[11] 米克尔. 中国已成为互联网领导者[J]. 中国总会计师，2016（6）：9.

[12] 黄静洁. 心理学家、教育学家布鲁纳[J]. 现代外国哲学社会科学文摘，1986（4）:58-61.

[13] 何光全. 国外成人及继续教育学者：马尔科姆·诺尔斯[J]. 成人教育，2012（12）:1.

[14] 泰勒. 科学管理原理[M]. 马风才，译. 北京：机械工业出版社，2007.

[15] 特劳特，里夫金，火华强. 与众不同：极度竞争时代的生存之道[M]. 北京：机械工业出版社，2011.

[16] 季华，蔡瑞林. 五线谱在课程设计中的实践[J]. 消费导刊，2009（12）:172.

[17] 安德森. 布卢姆教育目标分类学：分类学视野下的学与教及其测评（修订完整版）. 北京：外语教学与研究出版社，2009.

[18] 沈力军. 罗伯特·加涅[J]. 外国中小学教育，1986（2）:44-46，49.

[19] 苏平. 培训师成长手册[M]. 西安：交通大学出版社，2012.

[20] 王聪慧. 基于Kolb学习风格理论的微课内容设计与实践研究[D]. 呼和浩特：内蒙古师范大学，2017.

[21] 王楠，崔连斌，刘洪沛. 学习设计[M]. 北京：北京大学出版社，2013.

关于安迪曼集团

安迪曼集团创立于2010年，旗下包括安迪曼咨询、享学科技和塔伦特咨询三大主营业务板块。目前在北京、上海、广州、无锡设有分公司，在天津、西安、济南、郑州、成都、重庆、福州等十余个核心城市布有区域服务中心，为全国范围内的互联网、金融、房地产、制药医疗、能源、装备制造、高新科技、快消零售、教育等数十个行业的3000多家灯塔级优秀客户提供企业人才发展解决方案，直接触达受益人数在1000万以上。

 **安迪曼咨询**

安迪曼咨询协助企业建设优质人才供应链，进而提高人效和组织能力。作为人才战略全价值链服务供应商，安迪曼咨询致力于创建智慧学习生态，引领学习变革，为个人与组织提供平等、自由、有效的学习解决方案和人才战略落地的综合性服务。

 **享学科技**

享学科技为企业提供人才供应链相关的数字化解决方案。享学科技帮助企业一键建立专属线上企业大学或赋能中心，搭建线上与线下相结合的混合式训练体系，帮助企业随时随地、随需而变地训练人才，更加智慧地

学习，最终建立数字化人才供应链系统。享学科技的解决方案能够与企业多种互联网系统进行无缝对接和功能延展。

 **塔伦特咨询**

塔伦特咨询专注于为企业提供企业经营及领导力开发方面的训练课程。塔伦特咨询采用模拟化、场景化、游戏化等激励方式，通过引进和独立开发的仿真模拟课程有效激发员工自主学习的动力，促进学习效果转化，进而促使组织绩效达成，实现企业的创新发展。

反侵权盗版声明

电子工业出版社依法对本作品享有专有出版权。任何未经权利人书面许可，复制、销售或通过信息网络传播本作品的行为；歪曲、篡改、剽窃本作品的行为，均违反《中华人民共和国著作权法》，其行为人应承担相应的民事责任和行政责任，构成犯罪的，将被依法追究刑事责任。

为了维护市场秩序，保护权利人的合法权益，我社将依法查处和打击侵权盗版的单位和个人。欢迎社会各界人士积极举报侵权盗版行为，本社将奖励举报有功人员，并保证举报人的信息不被泄露。

举报电话：（010）88254396；（010）88258888

传　　真：（010）88254397

E-mail：　dbqq@phei.com.cn

通信地址：北京市万寿路 173 信箱
　　　　　电子工业出版社总编办公室

邮　　编：100036